大学体育指导教程

崔东霞　主编

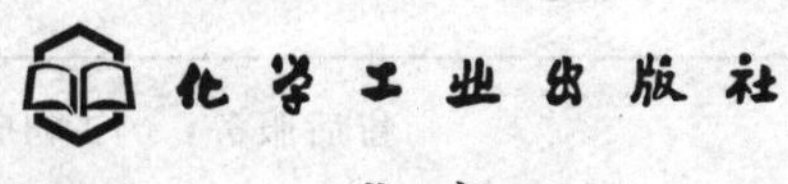

·北京·

《大学体育指导教程》结合5ic教学辅助平台的考试特点，将普通高等学校体育与健康教育、大学生身心健康、体育锻炼的原则与方法、体育保健与康复、营养与健康、体育文化与体育欣赏、《国家学生体质健康标准》测试及锻炼方法、田径运动、足球运动、篮球运动、排球运动、乒乓球运动、羽毛球运动、网球运动、武术、健美运动、健美操运动、游泳运动等相关课程授课内容的知识点进行了归纳与总结，按照单项选择、多项选择、判断、填空等几部分进行了归纳和总结。

《大学体育指导教程》可作为普通高等学校大学体育课程的教材，也可供使用5ic教学辅助平台进行大学体育理论课考试的师生学习、参考。

图书在版编目（CIP）数据

大学体育指导教程/崔东霞主编. —北京：化学工业出版社，2015.8（2020.9重印）
ISBN 978-7-122-24477-2

Ⅰ.①大… Ⅱ.①崔… Ⅲ.①体育-高等学校-教学参考资料 Ⅳ.①G807.4

中国版本图书馆CIP数据核字（2015）第143260号

责任编辑：宋 薇　　装帧设计：张 辉
责任校对：宋 玮

出版发行：化学工业出版社（北京市东城区青年湖南街13号 邮政编码100011）
印 装：三河市延风印装有限公司
787mm×1092mm 1/16 印张 10¾ 字数298千字 2020年9月北京第1版第7次印刷

购书咨询：010-64518888　　售后服务：010-64518899
网 址：http://www.cip.com.cn
凡购买本书，如有缺损质量问题，本社销售中心负责调换。

定 价：25.00元

前言

《大学体育指导教程》在内容编排遵循“以人为本，健康第一，终身体育”的指导思想，在尊重学生身心发展特点、遵从教育和体育发展规律的基础上，全面解析《全国普通高等学校体育课程教学指导纲要》的课程理念、课程性质和课程价值，着重突出运动参与、运动技能、身体发展、心理发展和社会适应的课程目标。本教材在编写中注重健身性与文化性相结合、选择性与时效性相结合、科学性与可接受性相结合、民族性与世界性相结合、共性与个性相结合，力求充分反映和体现教育部、国家体育总局制定的《国家学生体质健康标准》的内容和要求，旨在为广大高等院校师生提供素质教育和体育教学活动的指导。

参与本书编写的人员有：林克明、李红、洪国梁、丁玮、王春芳、孙学斌、乐严严、胡杰、张文杰、尚洪涛、徐东、闫荣、李明平，在此一并表示感谢！

本教材在编写过程中参阅了大量相关资料，在此一并向关心、支持和帮助本套教材出版的各界人士表示衷心感谢！

真切希望本教材能够对普通高等学校文化素质教育、体育课程改革、教材建设有所帮助，成为广大体育教师和普通大学生开展体育活动的有益参考。

目录

第一部分　单项选择……………………………………………………1

第二部分　多项选择……………………………………………………52

第三部分　判断…………………………………………………………92

第四部分　填空………………………………………………………131

第一部分

单项选择

第一章 大学体育

体育教育是指通过身体活动，增强体质和健康，传授锻炼身体的知识和方法，培养道德和意志品质的有目的、有计划、有组织的教育过程。

1. 什么是体育教育？

A. 是人们遵循人体的生长发育规律和身体的活动规律，通过身体锻炼、技术、训练、竞技比赛等方式达到增强体质，提高运动技术水平，丰富文化生活为目的的社会活动

B. 是指通过身体活动，增强体质和健康，传授锻炼身体的知识和方法，培养道德和意志品质的有目的、有计划、有组织的教育过程

C. 是对于所有有组织或无组织参与，通过使用、维持或改进体能，为参与者提供娱乐的竞技性身体运动的总称

D. 指的是以身体活动为手段的教育

答案：B

体育运动是以身体练习为基本手段，以全面发展身体、增进健康、增强体质、提高运动技术水平、丰富社会生活为目的的一种社会活动，也是一种社会现象。

2. 体育运动的基本手段是什么？

A. 锻炼身体　　B. 体育运动　　C. 身体练习　　D. 竞技比赛

答案：C

竞技运动的特点有：竞争性、技艺性、公认性、国际性。

3. 下边选项中哪个不是竞技运动的特点？

A. 竞争性　　B. 技艺性　　C. 公平性　　D. 国际性

答案：C

体育锻炼是指运用各种身体练习，结合自然力和卫生因素，以健身、防病治病、娱乐为目的的身体活动。

4. 运用各种身体练习，结合自然力和卫生因素进行的身体活动是什么？

A. 体育教育　　B. 体育运动　　C. 体育锻炼　　D. 娱乐体育

答案：C

广义体育由三部分组成：体育教育、竞技运动、身体锻炼和身体娱乐。

5. 下面哪个不是广义体育的组成？

A. 体育运动　　B. 竞技运动　　C. 狭义体育　　D. 身体锻炼和身体娱乐

答案：A

体育教育是指通过身体活动，增强体质和健康，传授锻炼身体的知识和方法，培养道德和意志品质的有目的、有计划、有组织的教育过程。

6. 体育教育的主要目的是（　　）。

A. 增强体质、增进健康　　B. 创造优异成绩

C. 增进健康、休闲娱乐　　D. 活跃社会文化生活

答案：A

广义体育由三部分组成：体育教育、竞技运动、身体锻炼和身体娱乐。竞技运动是指在最大限度地挖掘和发挥个人或集体在体能、心理、智力等方面潜力的基础上，达到提高竞技

能力水平，以创造优异运动成绩为目的的训练和竞赛。

7. 竞技运动的主要目的是什么？

A. 增强体质，增进健康　　B. 培养道德和意志品质

C. 创造优异成绩　　D. 培养健美体态

答案：C

身体锻炼和身体娱乐的特点有：群众性、灵活性、多样性、自愿性、娱乐性。

身体锻炼和身体娱乐的目的是增进健康、休闲娱乐。

身体锻炼和身体娱乐的主要形式和方法是自我锻炼和自我娱乐。

8. 下列哪个是身体锻炼身体娱乐的目的？

A. 增强体质、增进健康　　B. 创造优异成绩

C. 增进健康、休闲娱乐　　D. 提高竞技能力水平

答案：C

社会需要是体育产生和发展的基础。

生存需要是体育产生的动因。

人类需要层次的提高推动体育的发展。

9. 体育产生的动因是什么？

A. 生存法则　　B. 生存需要　　C. 增强体质　　D. 休闲娱乐

答案：A

身体锻炼和身体娱乐的特点有：群众性、灵活性、多样性、自愿性、娱乐性。

身体锻炼和身体娱乐的目的是增进健康、休闲娱乐。

身体锻炼和身体娱乐的主要形式和方法是自我锻炼和自我娱乐。

10. 下列对于身体锻炼身体娱乐说法不正确的是哪个？

A. 以身体锻炼身体娱乐为主要形式　　B. 是体育的一个组成部分

C. 以增进健康，增强体质为主要目的　　D. 具有高度的自愿性、娱乐性、灵活性

答案：C

竞技运动是指在最大限度地挖掘和发挥个人或集体在体能、心理、智力等方面潜力的基础上，达到提高竞技能力水平，以创造优异运动成绩为目的的训练和竞赛。

竞技运动的特点有：竞争性、技艺性、公认性、国际性。

竞技运动的主要形式和方法是运动训练和运动竞赛。

11. 下列对于竞技运动说法不正确的是哪个？

A. 是体育的一个组成部分　　B. 以创造优异成绩为主要目的

C. 会给参加者带来高度的紧张　　D. 具有公平公正、多样灵活的特点

答案：D

体育锻炼时增强人类体质的有效手段。

体育锻炼是以健身、防病治病、娱乐为目的的身体活动。

体育锻炼的主要形式是自我锻炼。

12. 体育锻炼的主要形式是什么？

A. 课外体育活动　　B. 自我锻炼　　C. 运动训练　　D. 体育教学

答案：B

体育锻炼时增强人类体质的有效手段。

体育运动能促进人的心理健康、提高人的智力水平、预防和治疗某些疾病。

13. 下列说法不正确的是哪个?

A. 体育锻炼是以健身、防病治病、娱乐为目的的身体活动

B. 体育锻炼的主要形式是课外体育活动

C. 体育锻炼是人们自愿自发进行的

D. 体育锻炼时增强人类体质的有效手段

答案：B

体育作为社会文化对人社会化的影响：

体育是传授生活技术、技能的重要手段。

体育潜移默化地教导人们遵守社会规范。

体育群体中角色的担任有利于适应不同的社会角色。

14. 下列哪个不是体育作为社会文化对人社会化的影响?

A. 体育是传授生活技术、技能的重要手段

B. 体育有利于增强身心健康，能活跃社会文化生活

C. 体育群体中角色的担任有利于适应不同的社会角色

D. 体育潜移默化地教导人们遵守社会规范

答案：B

体育对人类社会发展的作用：促进人类的健康、促进人的社会化、促进社会经济的发展。

增强体质增进健康的作用是体育根本性质的体现。

体育对人类健康的作用主要体现在身体和心理两个方面。

15. 下列哪项是体育根本性质的体现?

A. 完善人的社会生活　　B. 提高人的社会化

C. 增强体质增进健康　　D. 加快社会经济的发展

答案：C

体育既是素质教育的重要内容，又是素质教育的手段。

素质教育的重要内容和目的是提高人才素质。

素质教育是当今社会的主流教育方式，身体、心理是素质教育重要的组成部分，体育是素质教育的主要内容。

16. 素质教育的重要内容和目的是什么?

A. 提高人才素质　B. 改善社会风气　C. 提高社会稳定性　D. 推动社会进步

答案：A

素质包括：思想道德素质、劳动技能素质、身体心理素质。

素质教育的核心是培养学生的创新能力和实践能力。

17. 素质教育的核心是什么?

A. 提高人才素质　　B. 培养学生的创新能力和实践能力

C. 推动社会进步　　D. 提高社会整体素质水平

答案：B

大学体育学习应具备的理念：树立健康第一思想、符合素质教育要求、奠定终身体育基础。

18. 学校体育应突出什么指导思想?

A. 体育是手段　　B. 健康为目的　　C. 健康第一　　D. 体育为健康服务

答案：C

体育对社会经济发展的促进：体育是提高劳动者身体素质的重要手段、体育产业已是国民经济重要的组成部分、体育消费的兴起带动经济的增长。

19. 经济与体育之间的关系是什么？

A. 体育促进经济发展　　B. 经济发展促进体育水平的提高

C. 体育与经济相互联系、相互促进　　D. 体育与经济没有比较直接的联系

答案：C

大学体育学习过程中需要达到的目标：运动参与目标、运动技能目标、身体健康目标、心理健康目标、社会适应目标。

20. 下列哪项不是大学生体育课程学习运动参与目标所需要达到的？

A. 表现出良好的体育道德和合作精神

B. 积极参与各种体育活动并基本形成自觉锻炼的习惯

C. 能够编制可行的个人锻炼计划

D. 具有一定的体育文化欣赏能力

答案：A

大学体育学习的目标：掌握体育和健康的基本知识，提高体育活动的能力；养成坚持锻炼身体的习惯，形成健康的行为生活方式；培养自身的道德修养、合作精神和坚强毅力。

运动技能目标：熟练掌握两项以上健身运动的基本方法和技能、能科学地进行体育锻炼，提高自己的运动能力、掌握常见运动创伤的处置方法。

社会适应目标：表现出良好的体育道德和合作精神；正确处理竞争与合作的关系。

21. 下列哪项不是大学生体育课程学习运动技能目标所需要达到的？

A. 熟练掌握两项以上健身运动的基本方法和技能

B. 掌握有效提高身体素质、全面发展体能的知识和方法

C. 能科学的进行体育锻炼，提高自己的运动能力

D. 掌握常见运动创伤的处置方法

答案：B

大学体育学习主要途径：体育课程、课余体育活动。

课余体育的特点：灵活性、开放性、综合性、趣味性、自主性。

22. 下列哪项不是课余体育的特点？

A. 灵活性　　B. 自愿性　　C. 趣味性　　D. 开放性

答案：B

竞技运动的特点有：竞争性、技艺性、公认性、国际性。

23. 下面哪个不是广义体育各组成部分的相同点？

A. 学习一定的体育知识　　B. 增进健康、休闲娱乐

C. 以身体练习为基本手段　　D. 全面发展身体

答案：B

体育锻炼的作用：可以改变人的形态结构、可以提高人体的生长发育水平、可以提高人的智力水平、有利于人体某些遗传性状的变异。

课余体育包括早操、课间操、班级体育活动、课余训练、课余竞赛、校外体育等。

体育运动是体育教育、竞技运动、身体锻炼和身体娱乐的总称。

24. 下列说法正确的是（　　）。

A. 课余体育是学校体育的重要组成部分，是实现体育目标的最重要途径

B. 学校体育教育工作的工作重心是健康至上，全面提高身心健康水平

C. 体育的产生依赖于人类社会的进步，体育的发展依赖于人类社会的需求

D. 课余体育的特点是灵活性、自愿性、开放性、综合性、公开性

答案：C

第二章 体育与健康

体育教育是指通过身体活动，增强体质和健康，传授锻炼身体的知识和方法，培养道德和意志品质的有目的、有计划、有组织的教育过程。

1. 什么是体育教育？
   A. 是人们遵循人体的生长发育规律和身体的活动规律，通过身体锻炼、技术、训练、竞技比赛等方式达到增强体质，提高运动技术水平，丰富文化生活为目的的社会活动
   B. 是指通过身体活动，增强体质和健康，传授锻炼身体的知识和方法，培养道德和意志品质的有目的、有计划、有组织的教育过程
   C. 是对于所有有组织或无组织参与，通过使用、维持或改进体能，为参与者提供娱乐的竞技性身体运动的总称
   D. 指的是以身体活动为手段的教育

答案：B

体育运动是以身体练习为基本手段，以全面发展身体、增进健康、增强体质、提高运动技术水平、丰富社会生活为目的的一种社会活动，也是一种社会现象。

2. 体育运动的基本手段是什么？
   A. 锻炼身体　B. 体育运动　C. 身体练习　D. 竞技比赛

答案：C

竞技运动的特点有：竞争性、技艺性、公认性、国际性。

3. 下边选项中哪个不是竞技运动的特点？
   A. 竞争性　B. 技艺性　C. 公平性　D. 国际性

答案：C

体育锻炼是指运用各种身体练习，结合自然力和卫生因素，以健身、防病治病、娱乐为目的的身体活动。

4. 运用各种身体练习，结合自然力和卫生因素进行的身体活动是什么？
   A. 体育教育　B. 体育运动　C. 体育锻炼　D. 娱乐体育

答案：C

广义体育由三部分组成：体育教育、竞技运动、身体锻炼和身体娱乐。

5. 下面哪个不是广义体育的组成？
   A. 体育运动　B. 竞技运动　C. 狭义体育　D. 身体锻炼和身体娱乐

答案：A

体育教育是指通过身体活动，增强体质和健康，传授锻炼身体的知识和方法，培养道德和意志品质的有目的、有计划、有组织的教育过程。

6. 体育教育的主要目的是（　　）。
   A. 增强体质、增进健康　B. 创造优异成绩
   C. 增进健康、休闲娱乐　D. 活跃社会文化生活

答案：A

广义体育由三部分组成：体育教育、竞技运动、身体锻炼和身体娱乐。竞技运动是指在最大限度挖掘和发挥个人或集体在体能、心理、智力等方面潜力的基础上，达到提高竞技能

力水平，以创造优异运动成绩为目的的训练和竞赛。

7. 竞技运动的主要目的是什么？

A. 增强体质，增进健康　　B. 培养道德和意志品质

C. 创造优异成绩　　D. 培养健美体态

答案：C

社会需要是体育产生和发展的基础。

生存需要是体育产生的动因。

人类需要层次的提高推动体育的发展。

8. 体育产生的动因是什么？

A. 生存法则　　B. 生存需要　　C. 增强体质　　D. 休闲娱乐

答案：A

身体锻炼和身体娱乐的特点有：群众性、灵活性、多样性、自愿性、娱乐性。

身体锻炼和身体娱乐的目的是增进健康、休闲娱乐。

身体锻炼和身体娱乐的主要形式和方法是自我锻炼和自我娱乐。

9. 下列哪个是身体锻炼身体娱乐的目的？

A. 增强体质、增进健康　　B. 创造优异成绩

C. 增进健康、休闲娱乐　　D. 提高竞技能力水平

答案：C

10. 下列对于身体锻炼身体娱乐说法不正确的是哪个？

A. 以身体锻炼身体娱乐为主要形式　　B. 是体育的一个组成部分

C. 以增进健康，增强体质为主要目的　　D. 具有高度的自愿性、娱乐性、灵活性

答案：C

竞技运动是指在最大限度地挖掘和发挥个人或集体在体能、心理、智力等方面潜力的基础上，达到提高竞技能力水平，以创造优异运动成绩为目的的训练和竞赛。

竞技运动的特点有：竞争性、技艺性、公认性、国际性。

竞技运动的主要形式和方法是运动训练和运动竞赛。

11. 下列对于竞技运动说法不正确的是哪个？

A. 是体育的一个组成部分　　B. 以创造优异成绩为主要目的

C. 会给参加者带来高度的紧张　　D. 具有公平公正、多样灵活的特点

答案：D

体育锻炼是增强人类体质的有效手段。

体育锻炼是以健身、防病治病、娱乐为目的的身体活动。

体育锻炼的主要形式是自我锻炼。

12. 体育锻炼的主要形式是什么？

A. 课外体育活动　　B. 自我锻炼　　C. 运动训练　　D. 体育教学

答案：B

体育锻炼时增强人类体质的有效手段。

体育运动能促进人的心理健康、提高人的智力水平、预防和治疗某些疾病。

13. 下列说法不正确的是哪个？

A. 体育锻炼是以健身、防病治病、娱乐为目的的身体活动

B. 体育锻炼的主要形式是课外体育活动

C. 体育锻炼是人们自愿自发进行的

D. 体育锻炼时增强人类体质的有效手段

答案：B

体育作为社会文化对人社会化的影响：

体育是传授生活技术、技能的重要手段。

体育潜移默化地教导人们遵守社会规范。

体育群体中角色的担任有利于适应不同的社会角色。

14. 下列哪个不是体育作为社会文化对人社会化的影响？

A. 体育是传授生活技术、技能的重要手段

B. 体育有利于增强身心健康，能活跃社会文化生活

C. 体育群体中角色的担任有利于适应不同的社会角色

D. 体育潜移默化地教导人们遵守社会规范

答案：B

体育对人类社会发展的作用：促进人类的健康、促进人的社会化、促进社会经济的发展。

增强体质增进健康的作用是体育根本性质的体现。

体育对人类健康的作用主要体现在身体和心理两个方面。

15. 下列哪项是体育根本性质的体现？

A. 完善人的社会生活　　B. 提高人的社会化

C. 增强体质增进健康　　D. 加快社会经济的发展

答案：C

体育是素质教育的重要内容，又是素质教育的手段。

素质教育的重要内容和目的是提高人才素质。

素质教育是当今社会的主流教育方式，身体、心理是素质教育重要的组成部分，体育是素质教育的主要内容。

16. 素质教育的重要内容和目的是什么？

A. 提高人才素质　　B. 改善社会风气

C. 提高社会稳定性　　D. 推动社会进步

答案：A

素质包括：思想道德素质、劳动技能素质、身体心理素质。

素质教育的核心是培养学生的创新能力和实践能力。

17. 素质教育的核心是什么？

A. 提高人才素质　　B. 培养学生的创新能力和实践能力

C. 推动社会进步　　D. 提高社会整体素质水平

答案：B

大学体育学习应具备的理念：树立健康第一思想、符合素质教育要求、奠定终身体育基础。

18. 学校体育应突出什么指导思想？

A. 体育是手段　　B. 健康为目的　　C. 健康第一　　D. 体育为健康服务

答案：C

体育对社会经济发展的促进：体育是提高劳动者身体素质的重要手段、体育产业已是国

民经济重要的组成部分、体育消费的兴起带动经济的增长。

19. 经济与体育之间的关系是什么？

A. 体育促进经济发展　　B. 经济发展促进体育水平的提高

C. 体育与经济相互联系、相互促进　　D. 体育与经济没有比较直接的联系

答案：C

大学体育学习过程中需要达到的目标：运动参与目标、运动技能目标、身体健康目标、心理健康目标、社会适应目标。

20. 下列哪项不是大学生体育课程学习运动参与目标所需要达到的？

A. 表现出良好的体育道德和合作精神

B. 积极参与各种体育活动并基本形成自觉锻炼的习惯

C. 能够编制可行的个人锻炼计划

D. 具有一定的体育文化欣赏能力

答案：A

大学体育学习的目标：掌握体育和健康的基本知识，提高体育活动的能力；养成坚持锻炼身体的习惯，形成健康的行为生活方式；培养自身的道德修养、合作精神和坚强毅力。

运动技能目标：熟练掌握两项以上健身运动的基本方法和技能、能科学地进行体育锻炼，提高自己的运动能、掌握常见运动创伤的处置方法。

社会适应目标：表现出良好的体育道德和合作精神；正确处理竞争与合作的关系。

21. 下列哪项不是大学生体育课程学习运动技能目标所需要达到的？

A. 熟练掌握两项以上健身运动的基本方法和技能

B. 掌握有效提高身体素质、全面发展体能的知识和方法

C. 能科学地进行体育锻炼，提高自己的运动能力

D. 掌握常见运动创伤的处置方法

答案：B

大学体育学习主要途径：体育课程、课余体育活动。

课余体育的特点：灵活性、开放性、综合性、趣味性、自主性。

22. 下列哪项不是课余体育的特点？

A. 灵活性　　B. 自愿性　　C. 趣味性　　D. 开放性

答案：B

竞技运动的特点有：竞争性、技艺性、公认性、国际性。

23. 下面哪个不是广义体育各组成部分的相同点？

A. 学习一定的体育知识　　B. 增进健康、休闲娱乐

C. 以身体练习为基本手段　　D. 全面发展身体

答案：B

体育锻炼的作用：可以改变人的形态结构、可以提高人体的生长发育水平、可以提高人的智力水平、有利于人体某些遗传性状的变异。

课余体育包括早操、课间操、班级体育活动、课余训练、课余竞赛、校外体育等。

体育运动是体育教育、竞技运动、身体锻炼和身体娱乐的总称。

24. 下列说法正确的是（　　）。

A. 课余体育是学校体育的重要组成部分，是实现体育目标的最重要途径

B. 学校体育教育工作的工作重心是健康至上，全面提高身心健康水平

C. 体育的产生依赖于人类社会的进步，体育的发展依赖于人类社会的需求

D. 课余体育的特点是灵活性、自愿性、开放性、综合性、公开性

答案：C

健康是人类生存和发展最基本的条件，也是创造社会物质文明和精神文明的基础。

25. 健康在人类生存和发展中充当什么样的角色？

A. 不可或缺的财富　B. 最重要的条件　C. 最基本的条件　D. 最必要的因素

答案：C

影响健康的因素多种多样，在诸多因素中，体育锻炼对健康的影响最为活跃。

26. 下列选项中，哪个是对健康影响最活跃的？

A. 饮食习惯　B. 行为方式　C. 体育锻炼　D. 心理活动

答案：C

著名体育教育学家马约翰教授的健康思想是：运动是健康的源泉。

泰戈尔有句名言：生命在于运动。

教育部部长周济在第七届大学生运动会上，对大学生提出：以人为本，健康第一，终身体育。

27. 下列选项中哪一个是著名体育教育学家马约翰教授的健康思想？

A. 生命在于运动　B. 运动是健康的源泉

C. 健康是工作的基础　D. 身体是革命的本钱

答案：B

健康是一个动态的理念。健康不仅仅是没有病和不虚弱，而且是身体上、心理上和社会适应能力上三方面的完美状态。这就是三维健康观。

随着医学、自然科学的发展，社会的进步等，人们对健康的认识提高到了一个崭新的水平，人们认为“健康不仅仅是躯体没有疾病，而且还应具备心理健康、社会适应良好和道德健康”。这就是四维健康观。

28. 下列对健康的说法正确的是：

A. 健康是一种静态的理念　B. 健康是一种动态的理念

C. 健康是一种主观的理念　D. 健康是一种客观的理念

答案：B

29. 下列选项中，三维健康观和四维健康观的不同点是哪个：

A. 身体健康　B. 道德健康　C. 心理健康　D. 社会适应良好

答案：B

健康的指标是评价人们健康水平、健康教育工作计划和健康教育措施效果的依据。

健康不仅是主观状态，而且是客观事实。

30. 下列哪一项评价的依据不是健康的指标？

A. 体育锻炼程度　B. 健康教育工作计划

C. 健康教育措施效果　D. 人们健康水平

答案：A

个人健康评价：形态方面、生理功能方面、身体素质方面、心理方面、社会方面、疾病状况。

健康测量是对人体健康实施的描述，健康评价是对健康测量结果的判断。

31. 下面哪个不是个人健康评价中形态方面包含的因素？

A. 身高　　　　B. 体重　　　　C. 柔韧性　　　　D. 胸围

答案：C

健康测量就是运用定量和定性的方法，对人体生长发育水平、生理和心理状态及对社会的适应能力进行测定。健康评价是根据可靠有效的评价理论、评价标准和方法对受试者的健康状况作出判断。健康测量与健康评价，既有联系又有区别。健康测量是对人体健康实施的描述，健康评价是对健康测量结果的判断。

32. 下列哪个是健康测量与健康评价之间的关系？

A. 既有联系又有区别　B. 相互促进　　C. 相互补充　　　D. 相互联系

答案：A

33. 下列选项中哪个不是健康评价对受试者的健康状况做出判断的根据？

A. 评价理论　　　B. 评价标准　　C. 方法　　　　D. 主观感受

答案：D

34. 下列选项中有哪个不应该出现在一个健康大学生的身上？

A. 每日进食量 200～1000 克　　　　B. 睡眠维持在 8～10 小时

C. 每分钟呼吸次数 20～25 次　　　　D. 每天体温波动 1 摄氏度以内

答案：C

影响健康的因素：人体的生物学因素、环境因素、行为与生活方式因素、社会保健制度因素。

35. 在影响健康的因素中，下列哪个不是个人本身能够改变的？

A. 环境因素　　　　　　　　　　　B. 人体的生物学因素

C. 行为与生活方式因素　　　　　　D. 社会保健制度因素

答案：B

在影响和制约人体健康的诸多生物学因素中，主要有遗传和心理两种因素。

后代形成和亲代相似的多种特征称遗传特征。

心理因素和身心健康的关系可以从以下三个方面来分析：消极的心理因素能引起许多疾病、积极的心理状态是保持和增进健康的必要条、心理因素在治疗中的作用。

36. 下列哪个不是心理因素和身心健康的关系？

A. 消极的心理因素能引起许多疾病

B. 积极的心理状态是保持和增进健康的必要条件

C. 心理因素在治疗中的作用

D. 会自我分析情感和行为，毫不犹豫地做出决定

答案：D

亚健康（Sub-health）概念首先是由前苏联学者于 20 世纪 80 年代提出的。

由于人们习惯上把健康称作是第一种状态，患病称为第二种状态，因此上把这种非患病、非健康的中间状态又称为“第三状态”，也称灰色状态、病前状态、亚临床期、临床前期、潜病期等。

37. 下列哪个选项不是对人体健康状况做出的描述？

A. 第一状态　　　B. 第二状态　　　C. 第三状态　　　D. 第四状态

答案：D

国内外研究表明，现代社会完全符合健康标准的人约有 15%，属于有疾病在身的人约有 15%，其余近 70% 的人都处在不同程度的亚健康状态。

处于亚健康状态的人精力衰竭、抵抗力减弱、工作效率低。主要原因是成年累月积聚起来的工作和生活压力得不到有效的缓解而造成的。

38. 下列选项中哪个是形成亚健康状况的主要原因？

A. 人的自然衰老　　B. 积累起来的工作和生活压力得不到有效地缓解

C. 过度疲劳造成的精力、体力透支　　D. 人的生物周期中的低潮时间

答案：B

我国亚健康人群处在的区域不同，其引起的亚健康状态的形式也不尽相同。

亚健康的证候特点：身体疲劳减少、脑力疲劳增多、精神疲劳严重。

亚健康的起因：过度疲劳造成的精力、体力透支，人的自然衰老，现代身心疾病，如心脑血管病、肿瘤等疾病的前期、人体生物周期中的低潮时间。

39. 下列哪个选项不是亚健康的证候特点？

A. 身体疲劳减少　　B. 工作效率降低　　C. 精神疲劳严重　　D. 脑力疲劳增多

答案：B

亚健康的临床特征及对生活的影响：失眠或嗜睡、健忘、食欲不振、性欲低下、烦躁不安、抑郁或消沉、焦虑不安、疲乏无力、头晕心悸气短、大小便问题、免疫功能下降等。

亚健康的防治方法：健康教育指导、生物医学治疗、心理行为干涉、重视预防保健。

40. 下列对亚健康的临床特征描述错误的是什么？

A. 免疫功能下降　　B. 头晕心悸气短

C. 呼吸每分钟 16～20 次　　D. 失眠或嗜睡、食欲不振

答案：C

健康教育指导是调控亚健康的重要方法之一。不正确、不科学的生活行为因素是导致亚健康的重要原因，而不健康的生活方式的形成，主要是由于患者的卫生保健方面的知识缺乏所致。

心理预防干涉：

(1) 明确心理治疗、干预治疗的重要意义，结合健康教育进行。

(2) 针对焦虑不安、紧张情绪的特点，帮助解除顾虑，稳定情绪，树立信心，配合治疗。

(3) 倾听患者倾诉，引导患者陈述，宣泄心理、精神、情绪压力。

(4) 坚持治疗，定期跟踪随访，调整治疗方案，巩固成绩，提高疗效，预防复发。

重视预防保健：

(1) 提高自我保健意识，改变性格缺陷，宣泄心理压力，改变不良生活习惯，建立良好的生活规律，劳逸结合，张弛适度，休息充分。

(2) 适当进行体力劳动，劳逸结合。加强体育锻炼，保持适当体重，饮食有节，起居有常，不暴饮暴食，注意环境卫生，避免毒邪侵袭，做好特殊时期的卫生保健，如妇女月经期。

(3) 提高科学素养，科学地认识健康和疾病，提高社会适应能力和环境适应能力。

41. 下列哪个不是重视预防保健的内容？

A. 积极去运动场所进行锻炼，增强体质、改善健康状况。

B. 提高自我保健意识，改变性格缺陷，宣泄心理压力，改变不良生活习惯，建立良好的生活规律

C. 适当进行体力劳动，劳逸结合。加强体育锻炼，保持适当体重，饮食有节，起居有

常，不暴饮暴食

D. 提高科学素养，科学地认识健康和疾病，提高社会适应能力和环境适应能力

答案：A

生活方式是指人们长期受一定文化、民族、经济、社会、风俗，特别是家庭影响而形成的一系列生活习惯、生活制度和生活意识。

培养良好的健康行为：养成健康习惯、讲究心理卫生、持之以恒地进行体育锻炼、营养全面平衡、生活起居有规律。

健康行为是指一切有利于提高身体健康水平、降低损害健康的危险因素的活动和习惯。

42. 下列对吸烟说法不正确的是？

A. 心脏跳动加快，血压上升，血管收缩

B. 能够提神醒脑，集中注意力

C. 中风、心脏及循环系统疾病，癌症、肺病及呼吸疾病

D. 每吸一支烟，寿命缩短 11 分钟

答案：A

三大营养素包括糖、脂肪和蛋白质，它们是构成机体组织和提供能量所必需的物质。微量营养素包括维生素和无机盐，它们的主要功能是维持细胞的功能。

43. 下列选项中哪项都是微量营养素？

A. 蛋白质、维生素　B. 无机盐、糖　C. 维生素、无机盐　D. 蛋白质、糖

答案：C

44. 下列哪项是三大营养素？

A. 糖、脂肪、蛋白质　B. 糖、维生素、蛋白质

C. 维生素、蛋白质、脂肪　D. 糖、维生素、脂肪

答案：A

根据分子结构的简繁，糖可分为单糖（包括葡萄糖、半乳糖、果糖），双糖（包括蔗糖、麦芽糖、乳糖）与多糖（包括淀粉、糖元与果胶）三类。

糖类对机体的主要营养功用是：

(1) 供给能量。

(2) 维持中枢神经机能。

(3) 调节脂肪代谢。

(4) 促进蛋白质的吸收利用。

(5) 保护肝脏。

(6) 构成机体重要物质。

45. 下列哪个不是糖类的营养功能？

A. 构成机体重要物质　B. 调节脂肪代谢

C. 调节生理功能　D. 维持中枢神经机能

答案：C

脂肪按分子结构分为饱和脂酸和不饱和脂酸两类。不饱和脂酸又分为单不饱和脂酸与多不饱和脂酸。

脂肪对机体的主要营养功用是：

(1) 储能和供能。

(2) 构成机体组织。

（3）供给必需的脂肪酸。

（4）携带脂溶性纤维素，并促进其吸收利用。

（5）体内脂肪还有保护和固定器官的作用，皮下脂肪有保温作用。

46. 下列哪个不是脂肪对机体的营养功能？

A. 体内脂肪还有保护和固定器官的作用

B. 构成机体组织和修补组织

C. 供给必需的脂肪酸

D. 携带脂溶性纤维素，并促进其吸收利用

答案：B

蛋白质的营养功用有：

（1）蛋白质的基本作用是构成机体组织和修补组织。

（2）调节生理功能。

（3）供给热能。

蛋白质的结构单元是氨基酸，20 种不同的氨基酸头尾相连构成功能各异的蛋白质。人的机体能够合成 11 种氨基酸，不必从食物中摄取。另外 9 种机体不能合成的氨基酸称为必需氨基酸，需从食物中摄取。

47. 下列哪个不是蛋白质的营养功能？

A. 供给热能　B. 调节生理功能

C. 构成机体组织和修补组织　D. 维持中枢神经机能

答案：D

水是人体除氧以外赖以生存的最重要的物质。

水的营养功能有：

（1）构成人体组织。

（2）保证和参与物质的代谢过程。

（3）调节体温。

（4）体内物质的运输。

（5）保证腺体正常分泌。

成人体重的 1/3 是水，血液、脑脊液等含水量高达 90% 以上，肌肉神经含水 60%～80%，脂肪和骨骼含水 30% 以下。

48. 下列哪个不是水的营养功能？

A. 保证腺体正常分泌　B. 保证和参与物质的代谢过程

C. 调节生理功能　D. 构成人体组织

答案：C

健康饮食的原则：平衡性原则、适当性原则、全面性原则、针对性原则。

营养适当是指人所摄取的各种营养成分之间的配比要合理，即在全面和均衡的基础上进行适当的饮食搭配。

49. 下列哪个不属于健康饮食的原则？

A. 适当性原则　B. 合理性原则　C. 全面性原则　D. 平衡性原则

答案：B

体育锻炼对身体健康的作用：

（1）增强心脏和循环系统的功能，预防心血管病和中风

(2) 改善呼吸系统的功能

(3) 提高消化系统的功能

(4) 增强运动系统的功能

(5) 具有健脑功能

50. 下列对体育锻炼的说法中错误的是?

A. 体育锻炼能够增强运动系统的功能

B. 体育锻炼能够提高消化系统的功能

C. 体育锻炼使脑细胞数量得到发展但不能使体积发展

D. 体育锻炼能够改善呼吸系统的功能

答案：C

体育运动对增强心理健康的主要作用可体现在以下几个方面：

(1) 增强自信心，体验成功感，克服自卑心理，促进个性心理的良性发展以及优良性格和气质的形成。

(2) 体育活动具有宣泄功能，在身体活动时你可以释放内心的压抑，忘却烦恼，同时也能给你带来身心上的愉悦。

(3) 提高适应能力。体育运动可以增强生理功能和抵抗力，进而提高对自然环境的适应能力，同时也可提高对社会环境的适应能力。

(4) 增强社会交往能力，改善人际关系。

(5) 参加体育活动可以培养积极向上、不怕艰苦、敢于挑战和顽强拼搏的意志品质。

(6) 体育锻炼能培养对自我、家庭、集体、社会的责任感。

锻炼心理学的大量研究表明，长期的身体锻炼能促进心理健康，治疗身心疾病。强壮的身体是健康的基础，而良好的心理是健康的源泉。

51. 下列哪个不是体育锻炼对心理健康的作用?

A. 增强社会交往能力，改善人际关系

B. 培养自立和善于寻求社会支持的能力

C. 体育锻炼能培养对自我、家庭、集体、社会的责任感

D. 参加体育活动可以培养积极向上、不怕艰苦、敢于挑战和顽强拼搏的意志品质。

答案：B

现代科学和实践已证明，体育锻炼在增强体质、促进健康的同时，还可以防病、治病、康复、保健，从而预防现代社会所带来的一些“文明病”，具有使人青春常在、延年益寿的功能。

体育锻炼对保健康复的作用：

(1) 预防骨裂。

(2) 防止高血压。

(3) 降低糖尿病发生的危险性。

(4) 控制体重与改善体型 (减肥)。

(5) 保持身体活动能力。

(6) 减缓心理压力。

(7) 预防癌症。

52. 下列哪个不是体育锻炼对保健康复的作用?

A. 改善呼吸系统的功能

B. 减缓心理压力

C. 预防骨裂

D. 控制体重与改善体型（减肥）

答案：A

53. 下列说法中错误的是？

A. 水能够调节生理功能并且参与构成人体组织

B. 蛋白质构成机体组织和修补组织

C. 脂肪能够携带脂溶性纤维素，并促进其吸收利用

D. 糖能够保证和参与物质的代谢过程

答案：D

第三章　心理健康

大学生的生理特征：

（1）身体形态和机能发展迅速。

（2）大脑神经系统发育成熟。

（3）性成熟和性意识的觉醒。

1. 下列不属于大学生的生理特征是：

A. 身体形态和机能发展迅速　　B. 大脑神经系统发育成熟

C. 性成熟和性意识的觉醒　　D. 自我意识进一步加强

答案：D

大学生的心理特征：

（1）敏锐的认识能力。

（2）丰富而热烈的情绪。

（3）自觉性和坚持性较强的意志力。

（4）自我意识进一步发展。

2. 下列不属于大学生的心理特征是：

A. 敏锐的认识能力　　B. 丰富而热烈的情绪

C. 性成熟和性意识的觉醒　　D. 自我意识进一步发展

答案：C

世界卫生组织对健康的定义：健康不仅是指一个人没有疾病，而且是指有良好的身体和精神以及社会适应能力的状态。

3. 下列不属于世界卫生组织对健康的定义有：

A. 没有疾病　　B. 有良好的精神

C. 有良好的社会适应能力　　D. 有较强的意志力

答案：D

大学生心理问题的诱因：

（1）交际困难造成心理压力。

（2）学习与生活的压力。

（3）角色转换与适应环境。

（4）对网络的依赖性。

（5）情感危机。

（6）就业压力。

（7）家庭及外界环境的不利影响。

4. 下列不属于大学生心理问题的诱因有：

A. 交际困难造成心理压力　　B. 学习与生活的压力

C. 角色转换与适应环境　　D. 正确的人生态度

答案：D

大学生的心理调适：

（1）重新认识自我，找准在大学里的位置。

(2) 尽快熟悉环境，融入集体，多与人交往。

(3) 多参与体育活动。

(4) 重新给自己定位，寻找新的奋斗目标。

5. 下列调适方法不属于大学生的心理调适的是：

A. 重新认识自我，找准在大学里的位置　　B. 尽快熟悉环境，融入集体，多与人交往

C. 多参与体育活动　　D. 在遭遇失败后一蹶不振

答案：D

大学生以积极乐观的态度面对人生的具体表现：

(1) 树立正确的人生态度。

(2) 轻松满意的心境。

(3) 和谐的人际关系。

(4) 良好的个性，统一的人格。

(5) 适度的情绪，充分的理智。

6. 下列不属于大学生积极乐观的态度的具体表现有：

A. 树立正确的人生态度　　B. 轻松满意的心境

C. 和谐的人际关系　　D. 较大的学习压力

答案：D

预防脑力劳动疲劳：

(1) 科学用脑。

(2) 劳逸结合，保证睡眠。

(3) 遵循人体生物规律，调节身心负荷。

(4) 培养学习兴趣。

(5) 创造良好的学习环境。

7. 下列方法不是预防脑力劳动疲劳的是：

A. 劳逸结合，保证睡眠　　B. 创造良好的学习环境

C. 遵循人体生物规律，调节身心负荷　　D. 多参与体育活动

答案：D

运动性疲劳大致可分为肌肉疲劳、神经疲劳和内脏疲劳。

8. 下列不属于运动性疲劳的是：

A. 肌肉疲劳　　B. 神经疲劳　　C. 内脏疲劳　　D. 生理疲劳

答案：D

疲劳程度自我检查指标：轻度疲劳：睡眠、食欲良好，体力充沛，消除疲劳快，有继续锻炼的要求；中度疲劳：疲乏，睡眠不好，精神不振，食欲欠佳；过度疲劳：除疲乏、腿疼、心悸外，尚有头痛、恶心，甚至呕吐，肝部疼痛，心律不齐，失眠食欲减退，体重持续下架，厌烦运动，倦怠，易激动。

9. 下列关于疲劳自我检查指标的说法正确的是：

A. 睡眠、食欲良好，体力充沛，消除疲劳快，有继续锻炼的要求并没有疲劳

B. 疲乏，睡眠不好，精神不振，食欲欠佳是中度疲劳

C. 失眠食欲减退，体重持续下架，厌烦运动，倦怠，易激动是中度疲劳

D. 头痛、恶心，甚至呕吐，肝部疼痛，心律不齐是轻度疲劳

答案：B

对大学生而言，心理健康的鉴别标准有：

(1) 个人与环境关系和谐。

(2) 自我了解，自我认识，自我接纳。

(3) 行为协调，人格完整。

10. 对大学生而言，不是心理健康的鉴别标准有：

A. 个人与环境关系和谐　　B. 自我了解，自我认识，自我接纳

C. 行为协调，人格完整　　D. 狂妄自大，目中无人

答案：D

人格内在的协调，表现为认知能力、情绪反应和意志行为三方面的协调，需要、欲望与目标的协调，动机与行为的协调，行为与环境的协调。

11. 下面不是人格内在协调的表现的是：

A. 认知能力　　B. 情绪反应　　C. 意志行为　　D. 心理活动

答案：D

自我调控能力的形成：要在日常生活中，运用自我激励，自我督导，自我磨炼等方法，潜移默化地增强自身意志，提高竞争意识。

12. 在日常生活中，哪一个不是增强自我调控能力的方法：

A. 自我激励　　B. 自我督导　　C. 自我磨炼　　D. 自我安慰

答案：D

仲氏抑郁指数与抑郁症状的严重程度关系如下：指数 50% 以下为正常范围；指数在 50%～59% 为轻度抑郁；指数在 60%～69% 为中度抑郁；指数在 70% 及以上为重度至严重抑郁。

13. 下列仲氏抑郁指数与抑郁症状的表述正确的是：

A. 仲氏抑郁指数在 40%～49% 为轻度抑郁

B. 仲氏抑郁指数在 60% 及以上为重度至严重抑郁

C. 仲氏抑郁指数 50%～59% 为中度抑郁

D. 仲氏抑郁指数 50% 以下为正常范围

答案：D

斯蒂文·威斯特精神柔软体操使精神和身体得到放松的方法介绍：

(1) 消除烦恼法

(2) 愿望开发法

(3) 把握现实法

14. 下列斯蒂文·威斯特精神柔软体操使精神和身体得到放松的方法有：

A. 消除烦恼法　　B. 愿望开发法　　C. 把握现实法　　D. 自我暗示法

答案：D

抑郁症自我治疗的方法有：

(1) 善于认知。

(2) 自我暗示。

(3) 充分宣泄。

(4) 勤写日记。

(5) 寻找快乐。

(6) 广交朋友。

（7）面对现实。

15. 下列不是抑郁症自我治疗的方法有：

A. 自我暗示　　B. 充分宣泄　　C. 广交朋友　　D. 自暴自弃

答案：D

心理学知识可以使大学生更深刻地认识自己，达到自我认识，自我发展，自我完善。

16. 下列不是心理学知识对大学生认识自己的作用的是：

A. 自我认识　　B. 自我发展　　C. 自我完善　　D. 自我安慰

答案：D

大学生心理问题的表现在学生中的比例女生高于男生，不同年级中二年级比例高于其他年级。非城市学生的比例高于城市学生，其中边远农村学生的比例最高。

17. 下列关于大学生心理问题在学生中的比例说法正确的是：

A. 女生比例低于男生　　B. 二年级的比例最高

C. 非城市学生的比例低于城市学生　　D. 边远农村学生的比例最低

答案：B

神经系统是人体发育最早、最快、成熟最早的一个系统；生殖系统是人体最后成熟的一个系统。大学生由于性激素的作用，肌纤维变粗，身体逐渐结实强壮。身体各器官及生理功能迅速发展，特别是作为生理基础的消化系统、呼吸系统、循环系统等迅速发展，促进了身体内部机能的进一步健全。

18. 下列说法不正确的是：

A. 神经系统是人体发育最早、最快、成熟最早的一个系统

B. 生殖系统是人体最后成熟的一个系统

C. 大学生由于肾上腺激素的作用，肌纤维变粗，身体逐渐结实强壮

D. 大学生身体各器官及生理功能迅速发展

答案：C

我国高校心理教育工作已经经过了导入期、探索期、起步期、推广期四个阶段，目前已步入全面发展期。

19. 我国高校心理教育工作目前属于什么阶段：

A. 导入期　　B. 探索期　　C. 推广期　　D. 全面发展期

答案：D

第四章　体质健康

《国家学生体质健康标准》的测试项目：测试项目为六项，其中身高、体重、肺活量为必测项目，选测项目为三项：从50米跑、立定跳远中选测一项；男生从台阶试验、1000米跑中选测一项；女生从台阶试验、800米跑中选测一项；男生从坐位体前屈、握力中选测一项；

1. 下列不属于《国家学生体质健康标准》规定的大学生必测项目的是：

A. 身高　　B. 体重　　C. 肺活量　　D. 50米跑

答案：D

各个测试项目的得分之和为《国家学生体质健康标准》的最后得分，根据最后得分评定等级；90.0分以上为优秀，80.0分～89.9分为良好，60.0分～79.9分为及格、59.9分及以下为不及格。每学年评定一次成绩并记入《学生体质健康标准登记卡片》，学生毕业年级的等级评定，按毕业当年的成绩和其他学年平均成绩（各占50%）之和评定。学生达到《标准》良好等级及以上者，方可评为三好学生、获奖学金。对《标准》测试成绩不及格者，在本学年度准予补考一次，补考仍不及格，则学年评定成绩不及格。学生毕业时《标准》测试成绩达不到50.0分者，按结业或肄业处理。

2. 各个测试项目的得分之和为《国家学生体质健康标准》的最后得分，其中多少分为良好：

A. 80.0分～89.9分　B. 85.0分～89.0分　C. 81.0分～89.0分　D. 70.0分～89.0分

答案：A

身体运动素质是人体在运动中表现出来的速度、力量、耐力、柔韧、灵敏与协调的素质。

3. 身体运动素质是人体在运动中表现出来的__________素质。

A. 速度、力量、耐力、柔韧、灵敏与协调　B. 速度、爆发、耐力、柔韧、灵敏与协调

C. 速度、力量、爆发、柔韧、灵敏与协调　D. 身体成分、耐力、柔韧、灵敏与协调

答案：A

身体健康素质是与身体健康关系更加密切的一些要素，包括身体成分、心血管系统的功能、肌肉的力量和耐力以及柔韧性。

4. 下列不属于身体健康素质的要素的是：

A. 身体成分　　B. 心血管系统的功能　　C. 柔韧性　　D. 爆发

答案：D

身高标准体重是指身高与体重两者的比例应在正常的范围。它通过身高与体重一定的比例关系，反映人体的围度、宽度和厚度以及人体的密度。是评价人体形态发育水平和营养善及身体匀称度的重要指标。体重指数BMI＝身高（m）/体重（kg）^{2}

5. 下列关于身高标准指数的说法错误的是：

A. 反映人体的围度、宽度和厚度以及人体的密度

B. 评价人体形态发育水平和营养善及身体匀称度的重要指标

C. 身高与体重两者的比例应在正常的范围

D. 体重指数BMI＝身高（m）/体重（kg）

答案：D

台阶试验是一项定量负荷机能试验，主要用以测定人体心血管系统机能，也可间接推断机体的耐力。800 米和 1000 米属于耐力跑测试，是一种评价心血管系统机能水平最简便的方法。耐力既是身体体健康素质的组成部分之一，又是身体运动素质组成部分之一。肺活量是指在不限时间的情况下，一次最大吸气后再尽最大力量所呼出的气量。它是评价人体呼吸系统机能的一个重要指标。50 米跑是国际上通用的测试项目，通过较短距离的高强度跑测试速度素质。速度素质的测试可以反映人体中枢神经系统的机能，也可综合反映人体的爆发力、灵敏、反应等素质。

6. 下列说法错误的是：

A. 台阶试验主要用以测定人体中枢神经系统机能

B. 800 米和 1000 米是一种评价心血管系统机能水平最简便的方法

C. 肺活量是评价人体呼吸系统机能的一个重要指标

D. 50 米跑可以反映人体中枢神经系统的机能

答案：A

促使身体成分更加合理的锻炼方法：

(1) 要选择好适宜的运动方式。

(2) 保证每周的锻炼次数。

(3) 锻炼的强度是决定降体重计划能否实现的关键。

(4) 持续运动的时间对降低体重最为重要。

(5) 大肌肉群参与运动能够消耗更多的热量。

(6) 锻炼和控制饮食相结合。

7. 下列不属于促使身体成分更加合理的锻炼方法的是：

A. 锻炼和控制饮食相结合　　B. 选择好适宜的运动方式

C. 锻炼次数越多越好　　D. 控制持续运动的时间

答案：C

健身走的强度分类方法如下。

(1) 最慢速走：每分钟 60～70 步（每小时 2.5～3 公里）

(2) 慢速走：每分钟 70～90 步（每小时 3～4 公里）

(3) 中速走：每分钟 90～120 步（每小时 4～5 公里）

(4) 快速走：每分钟 120～140 步（每小时 5～6 公里）

(5) 最快速走：每分钟 140 步以上（每小时接近走 10000 步）

8. 健身走的强度分类中，慢速走的速度为多少：

A. 每分钟 60～70 步　　B. 每分钟 70～90 步

C. 每分钟 90～120 步　　D. 每分钟 120～140 步

答案：B

靶心率是指通过有氧运动提高心血管循环系统的机能时有效而安全的运动心率。靶心率范围在 60%～80%。最大心率＝220－年龄。运动强度一定要控制靶心率的范围之内。

9. 下列关于心率的说法不正确的是：

A. 靶心率是指通过有氧运动提高心血管循环系统的机能时有效而安全的运动心率

B. 靶心率范围在 40%～60%

C. 最大心率＝220－年龄

D. 运动强度一定要控制靶心率的范围之内

答案：B

发展和提高心血管循环系统功能的运动有：走步、慢跑、游泳、骑自行和其他一些持续性运动项目，如球类运动、体育舞蹈、爬山远足等。耐力素质的高低是心血管循环系统的重要标志。

10. 下列不属于发展和提高心血管循环系统功能的运动有：

A. 游泳　　B. 骑自行车　　C. 篮球　　D. 快跑

答案：D

最高重复次数RM（Repetition Maximum）是表示能重复的最高次数，即进行某一重量的练习时，用连续练习的最大重复次数来衡量负荷的大小。RM仅代表能最大重复多少次的重量，而不反映重量的绝对值。

不同RM和组数的力量练习对肌肉的影响：

强度	组数	练习效果
3RM～6RM	3～6	主要发展肌肉的绝对力量
8RM～12RM	3～6	主要发展肌肉的体积
18RM～20RM	4～6	主要发展肌肉的耐力

11. 下列关于最高重复次数RM的说法不正确的是：

A. RM是表示能重复的最高次数，即进行某一重量的练习时，用连续练习的最大重复次数来衡量负荷的大小

B. RM仅代表能最大重复多少次的重量，而不反映重量的绝对值

C. 强度3RM～6RM，组数3～6主要发展肌肉的绝对力量

D. 强度8RM～12RM，组数3～6主要发展肌肉的耐力

答案：D

肌肉力量练习的效果与训练中的多种因素有关。主要的因素有三种：最高重复次数和组数、每组练习的间隔时间、每次练习的间隔时间。

12. 下列不是影响肌肉力量练习效果的主要因素的是：

A. 最高重复次数和组数　　B. 每组练习的间隔时间

C. 每次练习的间隔时间　　D. 控制锻炼的饮食平衡

答案：D

伸展练习可以有效地发展柔韧性，主要有三种形式：

(1) 主动或被动的静态伸展法。

(2) 主动或被动的弹性伸展法。

(3) 本体感受神经肌肉伸展法（PNF法）。

13. 通过下列伸展练习不可以有效发展柔韧性的方法是：

A. 主动或被动的静态伸展法　　B. 主动或被动的弹性伸展法

C. 本体感受神经肌肉伸展法（PNF法）　　D. 大肌肉群参与运动法

答案：D

体育锻炼处方是指根据每个准备从事体育锻炼的个体的身心状况而制定的一种定量化的周期性体育锻炼计划。它是由体育指导者针对体育锻炼参加者身体的医学诊断结果、运动经历和健康状况，依照体育锻炼的目的，为个体体育锻炼参加者制定的以体育锻炼项目运动负

荷、时间及频度为内容的指导性方案。按体育锻炼的不同目的，体育锻炼处方可分为健身锻炼处方、健美锻炼处方、保健锻炼处方、康复锻炼处方等。体育锻炼处方由运动目的、运动项目、运动强度、运动时间、运动频度与运动时间带等要素组成。我国通常称体育锻炼处方为运动处方或健身运动处方。

14. 下列关于体育锻炼处方的说法不正确的是：

A. 按体育锻炼的不同目的，体育锻炼处方可分为健身锻炼处方、健美锻炼处方、保健锻炼处方、康复锻炼处方等

B. 它是由体育指导者针对体育锻炼参加者身体的医学诊断结果、运动经历和健康状况，依照体育锻炼的目的，为集体体育锻炼参加者制定的

C. 体育锻炼处方是指根据每个准备从事体育锻炼的个体的身心状况而制定的一种定量化的周期性体育锻炼计划

D. 体育锻炼处方由运动目的、运动项目、运动强度、运动时间、运动频度与运动时间带等要素组成

答案：B

按体育锻炼的不同目的，体育锻炼处方可分为健身锻炼处方、健美锻炼处方、保健锻炼处方、康复锻炼处方等

15. 按体育锻炼的不同目的，下列不属于体育锻炼的分类的是：

A. 健身锻炼处方　B. 康复锻炼处方　C. 保健锻炼处方　D. 减肥锻炼处方

答案：D

体育锻炼处方由运动目的、运动项目、运动强度、运动时间、运动频度与运动时间带等要素组成。

16. 下列不属于体育锻炼的要素的是：

A. 运动目的　B. 运动项目　C. 运动时间　D. 运动地点

答案：D

体育锻炼处方的制定一般包括三个环节：医学检查，制定处方，实施处方锻炼。

17. 下列不属于体育锻炼处方的制定的环节的是：

A. 医学检查　B. 制定处方　C. 实施处方锻炼　D. 体能测定

答案：D

体育锻炼处方临床检查。鉴定能否运动。检查内容为：

(1) 血压——安静时收缩压不超过 140 毫米汞柱，舒张压不超过 90 毫米汞柱。

(2) 心电图——采用一般诱导法，根据每尼素干塔进行诊断。

(3) 尿检——蛋白质和糖呈阴性。

(4) 胸部 X 光诊断——有无肺炎、肺结核、胸膜炎等。

(5) 血液检查——检查血红蛋白、血细胞比例，谷-草转氨酶（SGOT），谷-丙转氨酶(SGPT)，血清乳酸脱氢酶（CDH），胆固醇，尿胆素原，血糖，以确诊是否患有贫血，确定肝功能、心肌、肾和糖代谢等是否异常。

18. 下列不属于体育锻炼处方的临床检查的内容的是：

A. 血压　B. 尿检　C. 有氧能力测试　D. 胸部 X 光诊断

答案：C

制定运动处方的意义：

(1) 科学性好：指适用于不同体力水平的人，按本人靶心率坚持 6～周的锻炼（每次 20

分钟以上)，即可提高耐力水平，起到事半功倍的效果。

(2) 计划性强：目的明确，计划具体，锻炼得法，可提高兴趣，使锻炼者易于坚持。

(3) 安全可靠性：可以科学地监控运动负荷和评定运动效果，防止因负荷过大出现事故，而负荷小又不起作用。

19. 下列不属于制定运动处方的意义的是：

A. 科学性好　　B. 计划性强　　C. 安全可靠性　　D. 立即见效

答案：D

运动强度分级与心率：

(1) 极限强度（最大强度）：持续最大速度或最大力量（肌肉快速紧张的工作）在 10～30 秒的练习，心率在 190 次/分以上。

(2) 次极限（次最大）强度：肌肉快速紧张的工作能持续 30 秒到 3 分钟左右的练习，心率在 170～190 次/分。

(3) 大强度：肌肉紧张的工作持续 5～30 分钟的练习，心率在 150～170 次/分。

(4) 中等强度：持续 30 分钟以上的周期性练习，心率在 130～150 次/分。

20. 下列关于运动强度分级与心率的说法不正确的是：

A. 极限强度（最大强度）：持续最大速度或最大力量（肌肉快速紧张的工作）在 1 分钟左右的练习，心率为 190 次/分以上

B. 极限（次最大）强度：肌肉快速紧张的工作能持续 30 秒到 3 分钟左右的练习，心率为 170～190 次/分

C. 大强度：肌肉紧张的工作持续 5～30 分钟的练习，心率为 150～170 次/分

D. 中等强度：持续 30 分钟以上的周期性练习，心率为 130～150 次/分

答案：A

男生体重指数（BMI）单项评分表（单位：千克/米^2）

等级	单项得分	大学
正常	100	17.9～23.9
低体重	80	≤17.8
超重		24.0～27.9
肥胖	60	≥28.0

女生体重指数（BMI）单项评分表（单位：千克/米^2）

等级	单项得分	大学
正常	100	17.2～23.9
低体重	80	≤17.2
超重		24.0～27.9
肥胖	60	≥28.0

21. 根据《国家学生体质健康标准》，下列关于体重指数和评分的说法正确的是：

A. 女生的体重指数为 17.9～23.9 为正常

B. 等级在低体重和超重的单项得分为 70 分

C. 男生的体重指数为 17.9～23.9 为正常

D. 男生的体重指数为 28 以上的为超重

答案：C

男生肺活量单项评分表（单位：毫升）

等级	单项得分	大一 大二	大三 大四
优秀	100	5040	5140
	95	4920	5020
	90	4800	4900
良好	85	4550	4650
	80	4300	4400
及格	78	4180	4280
	76	4060	4160
	74	3940	4040
	72	3820	3920
	70	3700	3800
	68	3580	3680
	66	3460	3560
	64	3340	3440
	62	3220	3320
	60	3100	3200

女生肺活量单项评分表（单位：毫升）

等级	单项得分	大一 大二	大三 大四
优秀	100	3400	3450
	95	3350	3400
	90	3300	3350
良好	85	3150	3200
	80	3000	3050
及格	78	2900	2950
	76	2800	2850
	74	2700	2750
	72	2600	2650
	70	2500	2550
	68	2400	2450
	66	2300	2350
	64	2200	2250
	62	2100	2150
	60	2000	2050

22. 根据《国家学生体质健康标准》，下列关于肺活量的说法正确的是：

A. 大学生的评分标准相同

B. 大一女生肺活量 3300ml 评级为良好

C. 大一男生肺活量 4600ml 评级为优秀

D. 大三男生肺活量 4800ml 评级为优秀

答案：B

23. 根据《国家学生体质健康标准》，下列关于 50 米跑的说法正确的是：

A. 大学生的评分标准相同

B. 大一大二男生 6.9 秒以内为优秀

C. 大二女生 7.8 秒为优秀

D. 大三男生 7.0 秒为及格

答案：B

男生坐位体前屈单项评分表（单位：厘米）　女生坐位体前屈单项评分表（单位：厘米）

24. 根据《国家学生体质健康标准》，下列关于坐位体前屈的说法正确的是：

A. 大学生各年级的评分标准相同　B. 大一女生 20cm 为优秀

C. 大三男生 21.6cm 为优秀　D. 大三女生 23cm 为优秀

答案：C

25. 根据《国家学生体质健康标准》，下列关于立定跳远的说法正确的是：

A. 大学生各年级的评分标准相同　B. 大一男生 265cm 以上为优秀

等级	单项得分	大一大二	大三大四
优秀	100	24.9	25.1
	95	23.1	23.3
	90	21.3	21.5
良好	85	19.5	19.9
	80	17.7	18.2
及格	78	16.3	16.8
	76	14.9	15.4
	74	13.5	14.0
	72	12.1	12.6
	70	10.7	11.2
	68	9.3	9.8
	66	7.9	8.4
	64	6.5	7.0
	62	5.1	5.6
	60	3.7	4.2
不及格	50	2.7	3.2
	40	1.7	2.2
	30	0.7	1.2
	20	−0.3	0.2
	10	−1.3	−0.8

等级	单项得分	大一大二	大三大四
优秀	100	25.8	26.3
	95	24.0	24.4
	90	22.2	22.4
良好	85	20.6	21.0
	80	19.0	19.5
及格	78	17.7	18.2
	76	16.4	16.9
	74	15.1	15.6
	72	13.8	14.3
	70	12.5	13.0
	68	11.2	11.7
	66	9.9	10.4
	64	8.6	9.1
	62	7.3	7.8
	60	6.0	6.5
不及格	50	5.2	5.7
	40	4.4	4.9
	30	3.6	4.1
	20	2.8	3.3
	10	2.0	2.5

C. 大二女生 200cm 为良好　　D. 大三女生 194cm 为优秀

答案：B

26. 根据《国家学生体质健康标准》，下列关于耐力跑的说法正确的是：

A. 大学生各年级的评分标准相同　　B. 大一男子 1000m 跑 3 分 35 秒为良好

C. 大二女生 800m 跑 3 分 35 秒为优秀　　D. 大三女生 800m 跑 3 分 45 秒为良好

答案：B

第五章　科学健身

成年人每天约呼吸 1000 升空气，其重量约 13.6 千克。新鲜空气可以振奋精神，消除疲劳，提高学习和工作的效率，也能改善睡眠，提高基础代谢。

1. 成年人每天约呼吸 1000 升空气，其重量约______千克。新鲜空气可以振奋精神，消除疲劳，提高学习和工作的效率，也能改善睡眠，提高基础代谢。

A. 15.6　　B. 13.6　　C. 13.6　　D. 15.6

答案：B

气温超过 35℃时，人就会因为大量出汗使体液减少而导致体内环境的改变，运动能力下降，甚至会出现痉挛、中暑等情况。

2. 气温超过________时，人就会因为大量出汗使体液减少而导致体内环境的改变，运动能力下降，甚至会出现痉挛、中暑等情况。

A. 25℃　　B. 28℃　　C. 32℃　　D. 35℃

答案：D

人剧烈运动时，脉搏每分钟增至 150～200 次，心脏输出的血量可增加 5～6 倍，呼吸频率可达每分钟 40～50 次，通气量能增加到 70～120 升。

3. 人剧烈运动时，脉搏每分钟增至________次，心脏输出的血量可增加________倍，呼吸频率可达每分钟________次，通气量能增加到________升。

A. 150～200　5～6　40～50　70～120　　B. 150～200　5～6　50～60　70～120

C. 130～180　4～5　40～50　80～130　　D. 130～180　4～5　50～60　80～130

答案：A

饥饿时血糖的浓度本身就偏低，此时做剧烈运动更容易出现低血糖，再加上胃酸或冷空气的刺激会引起胃部痉挛，发生饥饿性腹痛。

4. 饥饿时血糖的浓度本身就偏低，此时做剧烈运动更容易出现________，再加上胃酸或冷空气的刺激会引起胃部痉挛，发生饥饿性腹痛。

A. 低血糖　　B. 高血糖　　C. 低血脂　　D. 高血脂

答案：A

女子在月经期间，受神经-体液调节变化的影响，抗病能力减弱，加上子宫颈口微张开，子宫内膜剥落，阴道酸性分泌物被经血冲淡，易感染而引起疾病。

5. 女子在月经期间，______________变化的影响，抗病能力减弱，加上子宫颈口微张开，子宫内膜剥落，阴道酸性分泌物被经血冲淡，易感染而引起疾病。

A. 神经-体液调节　　B. 神经-体温调节　　C. 体液-体温调节　　D. 体液-神经调节

答案：A

在长跑过程中，往往有一段时间会胸部发闷，呼吸苦难，脉搏加快，肌肉酸痛，动作协调性被破坏，跑速减慢，甚至想中途停止运动。这种现象在运动生理学上叫做“极点”。

6. 在长跑过程中，往往有一段时间会胸部发闷，呼吸苦难，脉搏加快，肌肉酸痛，动作协调性被破坏，跑速减慢，甚至想中途停止运动。这种现象在运动生理学上叫做“__________”。

A. 虚脱　　B. 痉挛　　C. 第二次呼吸　　D. 极点

答案：D

极点出现后，通过有意识的加深呼吸，减慢跑速，放松身体，坚持下去，极点现象就会逐渐缓解与消失，动作协调有力，工作能力重新提高，这种现象运动生理学上称为“第二次呼吸”。

7. 极点出现后，通过有意识的加深呼吸，减慢跑速，放松身体，坚持下去，极点现象就会逐渐缓解与消失，动作协调有力，工作能力重新提高，这种现象运动生理学上称为“________”。

A. 第二次呼吸　B. 第一次呼吸　C. 第二次极点　D. 生物氧化点

答案：A

在炎热的夏天长时间进行体育活动，特别是在天气闷热、身体疲劳、缺乏饮水和头部缺乏保护而直接受到烈日的照射等情况下，大量出汗，人体内的水分和盐分丢失过多，这是引起中暑最常见的原因。

8. 在炎热的夏天长时间进行体育活动，特别是在天气闷热、身体疲劳、缺乏饮水和头部缺乏保护而直接受到烈日的照射等情况下，大量出汗，人体内的水分和盐分丢失过多，这是引起________最常见的原因。

A. 中暑　B. 胸闷　C. 虚脱　D. 呕吐

答案：A

在体育锻炼中经常发生痉挛的肌肉是小腿腓肠肌，其次是足底耳朵屈拇肌和屈趾肌。这些局部的抽筋，多发于游泳、足球和赛跑运动项目中。

9. 在体育锻炼中经常发生痉挛的肌肉是________，其次是足底耳朵屈拇肌和屈趾肌。这些局部的抽筋，多发于游泳、足球和赛跑运动项目中。

A. 小腿腓肠肌　B. 股四头肌　C. 股二头肌　D. 缝匠肌

答案：A

预防肌肉痉挛，最积极有效的办法就是加强锻炼，提高身体对寒冷的适应能力。其次在进行活动前，必须充分做好准备活动，对容易发生痉挛的肌肉，可事先进行按摩，尤其在冬季或游泳前。

10. 预防肌肉痉挛，最积极有效的办法就是____________。其次在进行活动前，必须充分做好准备活动，对容易发生痉挛的肌肉，可事先进行按摩，尤其在冬季或游泳前。

A. 加强锻炼，提高身体对炎热的适应能力

B. 加强锻炼，提高身体对寒冷的适应能力

C. 加强锻炼，提高身体多方面的机能素质

D. 加强锻炼，提高身体的整体能力

答案：B

对在运动中出现的肌肉痉挛，常用的处理方法是，牵引痉挛的肌肉，使其伸长和松弛，即可使之缓解。例如，腓肠肌痉挛，可伸直膝关节，收足背屈。屈拇肌、屈趾肌痉挛，可用力使足和足趾背伸。另外，还可配合局部按摩，促使其加快缓解。

11. 对在运动中出现的肌肉痉挛，常用的处理方法是____________，即可使之缓解。例如，腓肠肌痉挛，可伸直膝关节，收足背屈。屈拇肌、屈趾肌痉挛，可用力使足和足趾背伸。另外，还可配合局部按摩，促使其加快缓解。

A. 迅速喝水，补充体内缺乏的水分　B. 勾起脚尖，双手握住脚用力向上牵引

C. 牵引痉挛的肌肉，使其伸长和松弛　D. 躺下休息，千万不要触碰痉挛部位

答案：C

一些学生在体育锻炼时，尤其是在参加一些长时间的运动如长跑、篮球、足球、游泳等过程中常出现腹痛的现象，这种腹痛称为“运动性腹痛”。

12. 一些学生在体育锻炼时，尤其是在参加一些长时间的运动如长跑、篮球、足球、游泳等过程中常出现腹痛的现象，这种腹痛称为“________”。

A. 急性腹痛　　B. 慢性腹痛　　C. 躯体性腹痛　　D. 运动性腹痛

答案：D

在运动中或运动后，症状出现 30 秒内死亡称为即刻死，病状出现 24 小时内死亡称为猝死。

13. 在运动中或运动后，症状出现 30 秒内死亡称为________，病状出现 24 小时内死亡称为________。

A. 即刻死，猝死　B. 猝死，即刻死　C. 即刻死，死亡　D. 猝死，死亡

答案：A

第六章 奥林匹克

奥林匹克运动会起源于古希腊，因举办地点在奥林匹亚村而得名。

1. 奥林匹克运动会起源于________，因举办地点在奥林匹亚村而得名。

A. 古希腊　　B. 雅典　　C. 埃及　　D. 瑞士

答案：A

1908 年奥运会实施了较为标准化和规范化的管理，为未来奥运会的举办构建了基本框架。

2. ______年奥运会实施了较为标准化和规范化的管理，为未来奥运会的举办构建了基本框架。

A. 1900　　B. 1898　　C. 1905　　D. 1908

答案：D

自 1928 年起，女子田径项目纳入正式比赛，这一重要变化对奥林匹克运动的普及性和号召力起到了推动性作用。

3. 自 1928 年起，________项目纳入正式比赛，这一重要变化对奥林匹克运动的普及性和号召力起到了推动性作用。

A. 击剑　　B. 哑铃　　C. 女子田径　　D. 女子游泳

答案：C

奥林匹克运动是从现代奥林匹克主义诞生的一个规模宏大的社会运动，其目的在于通过组织没有任何歧视和符合奥林匹克精神的体育活动来教育青年，从而为建立一个更加和平和美好的世界做出贡献。

4. ________是从现代奥林匹克主义诞生的一个规模宏大的社会运动，其目的在于通过组织没有任何歧视和符合奥林匹克精神的体育活动来教育青年，从而为建立一个更加和平和美好的世界做出贡献。

A. 奥林匹克运动　　B. 奥运会　　C. 残奥会　　D冬季奥运会

答案：A

广义的奥林匹克文化应该包括古代奥林匹克传统、现代奥林匹克运动、奥林匹克主义、奥林匹克理想、奥林匹克精神以及所有的奥林匹克活动如奥林匹克运动会、大众体育、奥林匹克文化活动、奥林匹克教育和奥林匹克商业活动等。

5. __________应该包括古代奥林匹克传统、现代奥林匹克运动、奥林匹克主义、奥林匹克理想、奥林匹克精神以及所有的奥林匹克活动如奥林匹克运动会、大众体育、奥林匹克文化活动、奥林匹克教育和奥林匹克商业活动等。

A. 广义的奥林匹克文化　　B. 奥林匹克文化

C. 狭义的奥林匹克文化　　D. 奥运会

答案：A

狭义的奥林匹克文化是指与奥林匹克运动有关的文化艺术活动以及各种视觉形象，如奥林匹克标志、旗帜、奖章、招贴画、格言、徽记、会歌、奥运会火炬、奥运会吉祥物、奥运会期间举行的文艺表演、科学报告会和奥林匹克大众传播等。

6. __________是指与奥林匹克运动有关的文化艺术活动以及各种视觉形象，如奥林匹克标志、旗帜、奖章、招贴画、格言、徽记、会歌、奥运会火炬、奥运会吉祥物、奥运会期间举行的文艺表演、科学报告会和奥林匹克大众传播等。

A. 广义的奥林匹克文化　　B. 奥林匹克文化

C. 狭义的奥林匹克文化　　D. 奥运会

答案：C

奥林匹克运动包括以奥林匹克主义为核心的思想体系，以国际奥委会、国际单项体育联合会和各国奥委会为骨干的组织体系和以奥运会为周期的活动体系。

7. ______包括以奥林匹克主义为核心的思想体系，以国际奥委会、国际单项体育联合会和各国奥委会为骨干的组织体系和以奥运会为周期的活动体系。

A. 奥林匹克运动　B. 奥运会　C. 残奥会　D. 冬季奥运会

答案：A

1922 年 6 月，国际奥运会第 21 次全会在法国巴黎召开，选举王正廷为中国首位国际奥委会委员，中国与国际奥委会建立起了直接联系。

8. 1922 年 6 月，国际奥运会第______次全会在法国巴黎召开，选举王正廷为中国首位国际奥委会委员，中国与国际奥委会建立起了直接联系。

A. 20　B. 21　C. 22　D. 23

答案：B

1927 年以后，中华全国体育协进会相继加入了田径、游泳、体操、网球、举重、拳击、足球、篮球等 8 个国际单项体育联合会和其他国际体育组织。

9. 1927 年以后，中华全国体育协进会相继加入了田径、游泳、网球、举重、拳击、足球、篮球等______个国际单项体育联合会和其他国际体育组织。

A. 5　B. 6　C. 7　D. 8

答案：D

1931 年 6 月，在西班牙巴塞罗那召开的国际奥委会第 30 次全会上，中华全国体育协进会被正式承认为国际奥委会团体会员，成为国际奥委会承认的中国奥林匹克组织，行使中国奥委会的职能。

10. 1931 年 6 月，在西班牙巴塞罗那召开的国际奥委会第______次全会上，中华全国体育协进会被正式承认为国际奥委会团体会员，成为国际奥委会承认的中国奥林匹克组织，行使中国奥委会的职能。

A. 27　B. 28　C. 29　D. 30

答案：D

第十届洛杉矶奥运会上，当时东北大学学生刘长春参加了比赛，他成为参加奥运会的第一位中国选手。

11. 第______届洛杉矶奥运会上，当时东北大学学生刘长春参加了比赛，他成为参加奥运会的第一位中国选手。

A. 七　B. 八　C. 九　D. 十

答案：D

1984 年 7 月 29 日，梦想终于成真。洛杉矶奥运会射击场上许海峰的枪声打破了中国在奥运会上金牌“零”的记录，洗雪“东亚病夫”的屈辱，是全世界华人半个多世纪的梦想得以实现。

12. 1984 年 7 月 29 日，梦想终于成真。洛杉矶奥运会射击场上______的枪声打破了中国在奥运会上金牌“零”的记录，洗雪“东亚病夫”的屈辱，是全世界华人半个多世纪的梦想得以实现。

A. 许海峰　　B. 刘长春　　C. 李玉伟　　D. 吴小旋

答案：A

中国体育代表团首次出征洛杉矶奥运会，不仅实现了“零的突破”，而且一举获得15枚金牌、8枚银牌和9枚铜牌，在金牌榜上位居第4位的好成绩，成为中国当代体育全面走向世界的一个里程碑，开创了中国奥林匹克运动的新时代。

13. 中国体育代表团首次出征洛杉矶奥运会，不仅实现了“零的突破”，而且一举获得15枚金牌、8枚银牌和9枚铜牌，在金牌榜上位居第________位的好成绩，成为中国当代体育全面走向世界的一个里程碑，开创了中国奥林匹克运动的新时代。

A. 3　　B. 4　　C. 5　　D. 6

答案：B

第七章 休闲体育

休闲体育是指人们在工作、学习之余进行的积极主动的、轻松愉快的、毫无心理负担的一些健身娱乐活动。人们通过挖掘体育蕴藏的各种身体活动形式，在欢悦和谐的氛围中，达到日积月累地实现增强体质、促进健康、恢复体力、抵御疾病、调节心理、陶冶情操、激发生活欲望、培养高尚道德品质、改善人际关系、满足精神追求以及享受高质量人生乐趣等目的。它正在成为人们生活中不可缺少的重要内容。

1. 下列关于休闲体育的说法，不正确的是：

A. 休闲体育是指人们在工作、学习之余进行的积极主动的、轻松愉快的、毫无心理负担的一些健身娱乐活动

B. 休闲体育导致了精神紧张、体力活动不足以及营养过剩等，造成精神压抑、肥胖、心血管疾病、糖尿病等“现代病”的流行

C. 人们通过挖掘体育蕴藏的各种身体活动形式，在欢悦和谐的氛围中，达到日积月累地实现增强体质、促进健康、恢复体力

D. 休闲体育正在成为人们生活中不可缺少的重要内容

答案：B

休闲体育的功能

(1) 娱乐功能。

(2) 健身功能。

(3) 交友功能。

(4) 经济功能。

2. 下列不属于休闲体育的功能的是：

A. 娱乐功能　B. 健身功能　C. 放松功能　D. 经济功能

答案：C

休闲体育的特点是：

(1) 自由度大，随意性强。

(2) 有氧运动为主。

(3) 休闲体育的价值。

3. 下列不属于休闲体育的特点的是：

A. 自由度大，随意性强　B. 有氧运动为主　C. 休闲体育的价值　D. 无氧运动为主

答案：D

休闲体育的安排是：

(1) 考虑时间与内容选择。

(2) 考虑休闲体育的节奏。

(3) 选择休闲体育的内容。

(4) 养成良好的生活习惯。

4. 安排休闲体育应注意什么：

A. 考虑时间与内容选择　B. 考虑休闲体育的节奏

C. 选择休闲体育的费用　D. 养成良好的生活习惯

答案：C

第八章　体育鉴赏

身体美包括以下内容：

(1) 体型美

(2) 骨骼美

(3) 肌肉美

(4) 皮肤美

(5) 毛发美

(6) 形体美

1. 下列不属于身体美的内容的是：

A. 体型美　　B. 骨骼美　　C. 肌肉美　　D. 人体美

答案：D

体育最显要的功能之一就是塑造身体美，人们也往往把身体美作为检验体育效果的重要指标。身体美是指有层次的活动的整体，人体美主要指人体表面的轮廓；身体美是动态的人体美，人体美是静态的身体美；身体美是人体美的源流，人体美则是身体美的升华。

2. 下列关于身体美和人体美的说法不正确的是

A. 身体美是指有层次的活动的整体，人体美主要指人体表面的轮廓

B. 人们往往把身体美作为检验体育效果的重要指标

C. 人体美是动态的身体美，身体美是静态的人体美

D. 身体美是人体美的源流，人体美则是身体美的升华

答案：C

身体美的量化标准：

(1) 头身比例。

(2) 黄金分割。

(3) 体围。

3. 下列不属于身体美的量化标准：

A. 头身比例　　B. 黄金分割　　C. 体围　　D. 肌肉

答案：D

运动中的要素美有以下几个方面：

(1) 力量美。

(2) 速度美。

(3) 柔韧美。

(4) 协调美。

(5) 灵敏美。

(6) 平衡美。

(7) 造型美。

4. 下列不属于运动中的要素美的是：

A. 力量美　　B. 平衡美　　C. 协调美　　D. 体型美

答案：D

从内容方面进行体育鉴赏：

(1) 优雅的人体造型。

(2) 精湛的技艺。

(3) 富有韵律的节奏。

(4) 崇高美。

5. 下列不属于从内容方面进行体育鉴赏的是：

A. 精湛的技艺　　B. 富有韵律的节奏　　C. 崇高美　　D. 开幕式

答案：D

鉴赏时把体育运动分为：

(1) 争先性项目。

(2) 游戏性项目。

(3) 表现性项目。

(4) 探险性项目。

(5) 智巧性项目。

6. 体育艺术的表现形式多样，鉴赏时应分门别类，下列不属于体育运动分类的是：

A. 争先性项目　　B. 游戏性项目　　C. 表现性项目　　D. 刺激性项目

答案：D

第九章 田径运动

田径运动作为竞技项目可以追溯到古希腊时代，赛跑、铁饼、标枪就曾是古希腊奥林匹亚祭典的主要内容。

1. 田径运动作为竞技项目可以追溯到__________时代，赛跑、铁饼、标枪就曾是古希腊奥林匹亚祭典的主要内容。

A. 古希腊　　B. 古罗马　　C. 古埃及　　D. 古巴比伦

答案：A

经常地、科学地参加田径运动，能促进人体的新陈代谢，改善神经系统的调节功能和内脏器官的机能，提高人体健康水平与工作能力。

2. 经常地、科学地参加__________，能促进人体的新陈代谢，改善神经系统的调节功能和内脏器官的机能，提高人体健康水平与工作能力。

A. 田径运动　　B. 水上运动　　C. 球类运动　　D. 体操运动

答案：A

田径项目具有和日常生活的紧密联系性、运动技能简单易行、实用性、基础性等特点，由于以上特性，才使田径这一古老简单的形式延续至今。

3. __________具有和日常生活的紧密联系性、运动技能简单易行、实用性、基础性等特点，由于以上特性，才使田径这一古老简单的形式延续至今。

A. 田径项目　　B. 水上项目　　C. 球类项目　　D. 体操项目

答案：A

对于竞赛项目，从供能方式上看，短距离是以无氧供能为主的，中距离是以糖酵解供能为主的，长距离超长距离则是以有氧供能为主的，此类项目的练习可提高人跑的能力。

4. 对于________，从供能方式上看，短距离是以无氧供能为主的，中距离是以糖酵解供能为主的。

A. 竞赛项目　　B. 跳跃项目　　C. 投掷项目　　D. 全能项目

答案：A

第十章　篮球运动

篮球运动是一项集体对抗性的运动项目，活动者以各种专门技术为手段，以主动控制空间为目标，把主动控制球做为争夺焦点，把主动掌握时间与速度作为根本的保证。

1. 篮球运动是一项＿＿＿＿＿的运动项目，活动者以各种专门技术为手段，以主动控制空间为目标，把主动控制球做为争夺焦点，把主动掌握时间与速度作为根本的保证。

A. 集体对抗性　　B. 个人对抗性　　C. 集体协同性　　D. 集体放大性

答案：A

篮球不仅是青少年所喜爱的运动项目，而且也适合男、女、老幼各年龄段进行锻炼和活动，具有强烈的竞争性和观赏性，并有浓厚的趣味性和娱乐性，目前是世界上参加人数较多的运动项目之一。

2. ＿＿＿＿不仅是青少年所喜爱的运动项目，而且也适合男、女、老幼各年龄段进行锻炼和活动。

A. 足球　　B. 篮球　　C. 网球　　D. 乒乓球

答案：B

篮球运动是 1891 年由美国马萨诸塞州斯普林菲尔德市基督教青年会训练学校体育教师詹姆士·奈史密斯博士发明的。

3. ＿＿＿＿运动是 1891 年由美国教师詹姆士·奈史密斯博士发明的。

A. 足球　　B. 篮球　　C. 网球　　D. 乒乓球

答案：B

篮球比赛场地是一块长方形，平坦且无障碍物的坚实平面。尺寸为长 28 米，宽 15 米。球为圆形，充气后，周长为 74.9 厘米～78 厘米，重量为 567 克～650 克。

4. ＿＿＿比赛场地是一块长方形，平坦且无障碍物的坚实平面。尺寸为长 28 米，宽 15 米。

A. 足球　　B. 篮球　　C. 网球　　D. 乒乓球

答案：B

篮球比赛由 4 节组成，每节 10 分钟，如果第 4 节比赛结束时两队比分相等，则需要一个或多个 5 分钟的决胜期来继续比赛，直至分出胜负为止。

5. ＿＿＿＿＿比赛由 4 节组成，每节 10 分钟，如果第 4 节比赛结束时两队比分相等，则需要一个或多个 5 分钟的决胜期来继续比赛，直至分出胜负为止。

A. 足球　　B. 篮球　　C. 网球　　D. 乒乓球

答案：B

排球运动是由参加运动的人，以身体的任何部位相互在空中击球，使球不落地，既可隔网进行比赛，也可不设球网进行击球游戏的一种体育项目。

6. ＿＿＿＿＿运动是由参加运动的人，以身体的任何部位相互在空中击球，使球不落地，既可隔网进行比赛，也可不设球网进行击球游戏的一种体育项目。

A. 排球　　B. 篮球　　C. 网球　　D. 乒乓球

答案：A

以娱乐或游戏方式，参与人数有特殊规定，主要以健身为目的，在国际上还没有统一竞赛规则的运动形式统称为娱乐排球，如软式排球、气排球、草地排球、墙排球等。

7. 以娱乐或游戏方式，参与人数有特殊规定，主要以健身为目的，在国际上还没有统一竞赛规则的运动形式统称为__________，如软式排球、气排球、草地排球、墙排球等。

A. 娱乐排球　　B. 正式排球　　C. 健身排球　　D. 健康排球

答案：A

排球比赛场地长 18 米，宽 9 米，中间用球网隔开。两队各 6 名队员各占一边进行比赛。男子网高 2.43 米，女子网高 2.24 米。

8. __________比赛场地长 18 米，宽 9 米，中间用球网隔开。

A. 排球　　B. 篮球　　C. 网球　　D. 乒乓球

答案：A

软式排球的球有充气式和免充气式两种。软式排球的突出特点是球柔软质量轻，飞行速度慢，使接球的难度减小，来回球次数较多，从而增加了趣味性。

9. __________的突出特点是球柔软质量轻，飞行速度慢，使接球的难度减小，来回球次数较多，从而增加了趣味性。

A. 软式排球　　B. 气排球　　C. 草地排球　　D. 墙排球

答案：A

沙滩排球参赛队员为两名，而不是室内排球的每队 6 名队员，它是在沙滩上进行比赛，比赛采用三局两胜制，每局比分 15 分，只有领先两分才算获胜，每局 17 分封顶。

10. 沙滩排球参赛队员为______名，而不是室内排球的每队 6 名队员，它是在沙滩上进行比赛，比赛采用三局两胜制，每局比分 15 分，只有领先两分才算获胜，每局 17 分封顶。

A. 2　　B. 4　　C. 6　　D. 8

答案：A

乒乓球集健身性、娱乐性、竞技性、调节性等为一体，深受广大群众喜爱，在我国被誉为“国球”。

11. ________集健身性、娱乐性、竞技性、调节性等为一体，深受广大群众喜爱，在我国被誉为“国球”。

A. 排球　　B. 篮球　　C. 网球　　D. 乒乓球

答案：D

乒乓球场地应不小于 14 米长、7 米宽、5 米高，应有 75 厘米高的深色挡板围起。光源距地面不得少于 5 米。从台面高度测得的照明度不得低于 1000 勒克斯，四周应为暗色。

12. __________场地：应不小于 14 米长、7 米宽、5 米高，应有 75 厘米高的深色挡板围起。光源距地面不得少于 5 米。

A. 排球　　B. 篮球　　C. 网球　　D. 乒乓球

答案：D

羽毛球发球方法从握拍方法和发球姿势上，分为正手发球和反手发球；从球的飞行角度和距离上，分为高远球、平高球、平快球和网前球。

13. __________发球方法从握拍方法和发球姿势上，分为正手发球和反手发球。

A. 排球　　B. 羽毛球　　C. 网球　　D. 乒乓球

答案：B

网球与高尔夫球、保龄球、桌球并称为世界四大绅士运动。

14. ________与高尔夫球、保龄球、桌球并称为世界四大绅士运动。

A. 排球　　B. 羽毛球　　C. 网球　　D. 乒乓球

答案：C

1923 年，国际网球联合会将澳大利亚网球公开赛、法国网球公开赛、温布尔登网球公开赛和美国网球公开赛定为四大世界性公开赛，俗称四大满贯赛。

15. ________年，国际网球联合会将澳大利亚网球公开赛、法国网球公开赛、温布尔登网球公开赛和美国网球公开赛定为四大世界性公开赛，俗称四大满贯赛。

A. 1923　　B. 1924　　C. 1925　　D. 1926

答案：A

网球常用的发球有三种：平击发球、切削发球和上旋发球，三者的动作结构基本是一致的。

16. ________常用的发球有三种：平击发球、切削发球和上旋发球，三者的动作结构基本是一致的。

A. 乒乓球　　B. 网球　　C. 排球　　D. 羽毛球

答案：B

一片标准的网球场地，占地面积应不小于 670m²，其中长 23.77 米、单打宽 8.23 米，双打宽 10.97 米。这片长方形的角逐场再用球网横隔成两个等区。

17. 一片标准的________场地，占地面积应不小于 670m²，其中长 23.77 米、单打宽 8.23 米，双打宽 10.97 米。这片长方形的角逐场再用球网横隔成两个等区。

A. 乒乓球　　B. 网球　　C. 排球　　D. 羽毛球

答案：B

第十一章　武　术

武术，是以踢、打、摔、拿、击、刺等技击动作为素材，遵照攻守进退、动静疾徐、刚柔虚实等规律组成套路，或在一定条件下遵照一定的规则，两人斗智较力，形成搏斗，以此来增强体质、培养意志、训练格斗技能的体育运动。

1. 下列不属于武术的动作素材的是：

A. 踢　　B. 打　　C. 摔　　D. 勾

答案：D

武术的内容丰富多彩，按其运动形式可分为两大类：套路运动，搏斗运动。

2. 下列是武术按运动形式分类的是：

A. 套路运动　　B. 集体表演　　C. 散打　　D. 推手

答案：A

套路运动是以攻守进退、动静疾徐、刚柔虚实等矛盾运动的变化规律编成的整套练习形式，主要内容包括拳术、器械、对练、集体表演。

3. 下列不属于套路运动的有：

A. 拳术　　B. 器械　　C. 集体表演　　D. 推手

答案：D

武术的特点是：

(1) 寓技击于技术之中。

(2) 内外合一、形神兼备的民族风格。

(3) 广泛的适应性。

4. 下列不是武术的特点的是：

A. 寓技击于技术之中　　B. 内外合一、形神兼备的民族风格

C. 广泛的适应性　　D. 除恶扬善，劫富济贫

答案：D

武术的作用是：

(1) 改善和增强体质。

(2) 提高防身自卫的能力。

(3) 磨炼意志，培养道德情操。

(4) 娱乐观赏，丰富文化生活。

5. 下列不属于武术的作用的是：

A. 改善和增强体质　　B. 提高防身自卫的能力

C. 除恶扬善，劫富济贫　　D. 娱乐观赏，丰富文化生活

答案：C

肩臂练习主要是增进肩关节韧带的柔韧性，加大肩关节的活动范围，发展臂部力量，提高上肢运动的敏捷、松长、转环等能力，为学习和掌握各种拳、掌等手法提供必要的专项素质。主要练习方法有压肩、绕环、抡臂等。

(1) 压肩。

(2) 单臂绕环。

（3）双臂绕环：

①前后绕环；②左右绕环；③交叉绕环；④仆步抡拍

6. 下列不是肩臂练习的主要练习方法有：

A. 压肩　　B. 绕环　　C. 亮掌　　D. 抡臂

答案：C

腿部练习主要发展腿部的柔韧性、灵活性和力量等素质。练习方法有压腿、搬腿、劈腿和踢腿等。

7. 下列不属于腿部练习方法的是：

A. 压腿　　B. 搬腿　　C. 劈腿　　D. 亮掌

答案：D

踢腿的方法有直摆性腿法和屈伸性腿法。

（1）直摆性腿法：

①正踢腿；②斜踢腿；③侧踢腿；④外摆腿；⑤里合腿。

（2）屈伸性腿法：

①弹腿；②蹬腿；③侧踹腿。

8. 下列不属于直摆性踢腿的是：

A. 正踢腿　　B. 蹬腿　　C. 外摆腿　　D. 里合腿

答案：B

手形手法练习是运用拳、掌、勾三种手形，结合上肢冲、架、推、亮等运动方法，操练上肢手法的基本动作。

（1）手形：

①拳；②掌；③勾。

（2）手法：

①冲拳；②架拳；③推掌；④亮掌。

9. 下列动作不属于手法练习的是：

A. 冲拳　　B. 亮掌　　C. 勾　　D. 推掌

答案：C

步型和步法练习主要是增进腿部的速度和力量，以提高两腿移动转换的灵活性和稳固性。

（1）步型：

① 弓步：弓右腿为右弓步，弓左腿为左弓步。

② 马步：马步不分左右。

③ 虚步：左脚在前为左虚步，右脚在前为右虚步。

④ 仆步：仆左腿为左仆步，仆右腿为右仆步。

⑤ 歇步：左脚在前为左歇步，右脚在前为右歇步。

⑥ 坐盘：左腿在前为左坐盘，右腿在前为右坐盘。

⑦ 丁步：左脚尖点地为左丁步，右脚尖点地为右丁步。

（2）步法：

①击步；②垫步。

10. 下列不属于步型练习的是：

A. 弓步　　B. 马步　　C. 歇步　　D. 垫步

答案：D

五种步型的组合练习（简称“五步拳”）动作：拗弓步冲拳、弹踢冲拳、马步架打、歇步盖打、提膝仆步穿掌、虚步挑掌。

11. 下列动作不属于五步拳的是：

A. 拗弓步冲拳　B. 弹踢冲拳　C. 马步架打　D. 弓步撩掌

答案：D

压腿的主要作用是拉长腿部的肌肉和韧带，加大髋关节的活动范围。压腿的方法有正压、侧压和后压三种。

(1) 正压腿。

(2) 侧压腿。

(3) 后压腿。

(4) 仆步压腿。

12. 下列不属于压腿的方法有：

A. 正压腿　B. 侧压腿　C. 后搬腿　D. 仆步压腿

答案：C

搬腿主要是增进腿部的柔韧性，加大髋关节的活动幅度，提高腿部上举力量。搬腿的方法有正搬、侧搬、后搬三种。

13. 下列不属于搬腿的方法的是：

A. 正搬腿　B. 侧搬腿　C. 后搬腿　D. 仆步搬腿

答案：D

第十二章 游　泳

游泳运动包括游泳、跳水、水球和花样游泳4个项目，由于它们的技术和特点不同，已形成为独立的4个竞赛项目。符合竞赛规则的要求，以速度来决定名次的游泳称为竞技游泳。竞技游泳包括四种姿势：蛙泳、自由泳、仰泳、蝶泳。具有实用价值的游泳称为实用游泳，如踩水、潜泳、侧泳等。以增强体质、丰富人们文化生活为目的的游泳称为大众游泳，如体疗游泳、娱乐游泳等。

1. 下列不是游泳运动的项目的是：

A. 跳水　　B. 水球　　C. 冰壶　　D. 花样游泳

答案：C

游泳运动包括游泳、跳水、水球和花样游泳4个项目，由于它们的技术和特点不同，已形成为独立的4个竞赛项目。符合竞赛规则的要求，以速度来决定名次的游泳称为竞技游泳。竞技游泳包括四种姿势：蛙泳、自由泳、仰泳、蝶泳。具有实用价值的游泳称为实用游泳，如踩水、潜泳、侧泳等。以增强体质、丰富人们文化生活为目的的游泳称为大众游泳，如体疗游泳、娱乐游泳等。

2. 下列不属于竞技游泳的姿势是：

A. 蛙泳　　B. 狗刨　　C. 仰泳　　D. 蝶泳

答案：B

游泳运动包括游泳、跳水、水球和花样游泳4个项目，由于它们的技术和特点不同，已形成为独立的4个竞赛项目。符合竞赛规则的要求，以速度来决定名次的游泳称为竞技游泳。竞技游泳包括四种姿势：蛙泳、自由泳、仰泳、蝶泳。具有实用价值的游泳称为实用游泳，如踩水、潜泳、侧泳等。以增强体质、丰富人们文化生活为目的的游泳称为大众游泳，如体疗游泳、娱乐游泳等。

3. 下列不是实用游泳的项目的是：

A. 踩水　　B. 潜泳　　C. 侧泳　　D. 仰泳

答案：D

游泳运动包括游泳、跳水、水球和花样游泳4个项目，由于它们的技术和特点不同，已形成为独立的4个竞赛项目。符合竞赛规则的要求，以速度来决定名次的游泳称为竞技游泳。竞技游泳包括四种姿势：蛙泳、自由泳、仰泳、蝶泳。具有实用价值的游泳称为实用游泳，如踩水、潜泳、侧泳等。以增强体质、丰富人们文化生活为目的的游泳称为大众游泳，如体疗游泳、娱乐游泳等。

4. 下列属于大众游泳的是：

A. 体疗游泳　　B. 蛙泳　　C. 蝶泳　　D. 潜泳

答案：A

熟悉水性练习时，应选择在齐腰深的水中进行，重点练习呼吸和漂浮这两个动作。熟悉水性练习可按下面的步骤和方法进行。

(1) 水中行走练习。

(2) 水中闭气与呼吸练习。

(3) 水中漂浮与站立练习。

(4) 滑行练习。

5. 下列不是属于熟悉水性练习的是：

A. 水中闭气与呼吸练习　　B. 水中漂浮与站立练习

C. 滑行练习　　D. 划水练习

答案：D

腿部动作是蛙泳推进力的主要来源之一。腿的动作可分为四部分，即收腿、翻脚、蹬夹水和滑行，应连贯地进行。

6. 下列不属于蛙泳的腿部动作的有：

A. 收腿　　B. 翻脚　　C. 滑行　　D. 划水

答案：D

随着蛙泳技术的改进和发展，现代蛙泳技术更加强调划水的重要作用。蛙泳手臂动作，由抓水、划水、收手和向前伸臂四个连贯动作所组成。蛙泳的划水路线从水下看像一个“倒心形”。

7. 下面不是蛙泳的手部动作的是：

A. 抓水　　B. 划水　　C. 收手　　D. 滑行

答案：D

遇到有人溺水时应尽快报警并大声呼救，争取多人集体救助。救助者应在保证自身安全的前提下尽快采取救助措施实施救助。

(1) 救助者可利用竹竿、救生圈、救生板、绳索等进行救助。

(2) 在没有救助器材或救助器材无法有效救助溺水者时，应采用下水对溺水者抢救的方法。下水救助时时应根据溺水者距岸边的距离、水情、溺水者神态，及时采取接近、拖运措施胸外心脏按压，两手叠放，十指相扣下压。下压要用力均匀。按压速度每分钟60～80次为了争取时间，岸上急救应抓住主要环节进行处理，可以同时用几个方法进行抢救。

8. 下列关于溺水救治的说法不正确的是：

A. 遇到有人溺水时应尽快报警并大声呼救，争取多人集体救助。救助者应在保证自身安全的前提下尽快采取救助措施实施救助

B. 救助者可利用竹竿、救生圈、救生板、绳索等进行救助

C. 在没有救助器材或救助器材无法有效救助溺水者时，不必下水对溺水者进行抢救

D. 下水救助时应根据溺水者距岸边的距离、水情、溺水者的神态，及时采取接近、拖运措施

答案：C

将溺水者救上岸后，要尽快进行急救处理。轻度溺水者，先清除口中杂草和呕吐等脏物，使呼吸畅通，接着对溺水者进行排水。对已经昏迷、呼吸很弱或刚停止呼吸的溺水者，应立即进行人工呼吸。做人工呼吸时，首先要清除溺水者口中的污物，保持气道通畅。然后用拇指和食指按住其鼻子，吸足气，口对口慢慢持续吹气，同时放开捏着的鼻，每分钟约做30次左右。

9. 下列关于溺水救治的做法不正确的是：

A. 轻度溺水者，先清除口中杂草和呕吐等脏物，使呼吸畅通，接着对溺水者进行排水

B. 对已经昏迷、呼吸很弱或刚停止呼吸的溺水者，应立即进行人工呼吸

C. 做人工呼吸时，首先要清除溺水者口中的污物，保持气道通畅

D. 用拇指和食指按住其鼻子，吸足气，口对口慢慢持续吹气，同时放开捏着的鼻，每分钟约做 60 次左右

答案：D

练习游泳有时会发生肌肉痉挛、呛水，因此我们应该了解和掌握一些处置知识，进行自我保护，防止发生意外。

(1) 手指痉挛。将手指握成拳头，然后再用力张开，这样迅速交替做几次，直到解脱。

(2) 手掌痉挛。用手掌将痉挛的手掌用力向下压，直到抽筋现象消除为止。

(3) 上臂痉挛。握拳并尽量屈肘，然后用力伸直，反复进行。

(4) 小腿或脚趾痉挛。先深吸一口气，仰浮在水中，用抽筋肢体对侧的手握住抽筋痉挛的腿的脚趾，并用力向身体方向拉，同时用另一手掌压在抽筋膝盖上，帮助小腿伸直，使痉挛现象消除。

10. 下列关于痉挛的处置方法错误的是：

A. 手指痉挛，将手指握成拳头，然后再用力张开，这样迅速交替做几次，直到解脱

B. 上臂痉挛，握拳并尽量屈肘，然后用力伸直，反复进行

C. 手掌痉挛，用手掌将痉挛的手掌用力向身体压，直到抽筋现象消除为止

D. 脚趾痉挛，先深吸一口气，仰浮在水中，用抽筋肢体对侧的手握住抽筋痉挛的腿的脚趾，并用力向身体方向拉，同时用另一手掌压在抽筋膝盖上，帮助小腿伸直，使痉挛现象消除

答案：C

第十三章　健美操与健美

体操是通过徒手、持轻器械或在器械上完成不同类型与难度的单个动作、组合动作或成套动作，充分挖掘人的潜能，表现人的控制能力，并具有一定的艺术要求的体育项目。

目前体操主要包括以下内容：队列队形练习、徒手体操、轻器械体操、技巧运动、器械体操、跳跃、实用类体操、自由体操。

根据体操的目的与任务，可以将体操分为基本体操、竞技性体操和表演性体操三大类。

基本体操：以增强体质、促进身体全面发展、培养人体基本活动能力及提高基本运动技能为目的的体操练习都属于基本体操的范畴。基本体操包括队列队形、徒手体操、轻器械体操、器械体操的简易练习、专门器械体操和生活技能体操等。

竞技性体操：指所有以争取竞赛胜利为目的的体操项目，包括竞技体操、健美操、蹦床、艺术体操和技巧等。

表演性体操：包括团体体操和舞台体操。

1. 下列哪项不属于体操三大类？

A. 团体体操　B. 基本体操　C. 竞技性体操　D. 表演体操

答案：A

2. 下列哪项不属于竞技性体操？

A. 健美操　B. 蹦床　C. 轻器械体操　D. 竞技体操

答案：C

3. 下列哪项不属于对体操动作的描述？

A. 成套动作　B. 组合动作　C. 混合动作　D. 单个动作

答案：C

4. 下列哪项不属于竞技性体操？

A. 竞技体操　B. 健美操　C. 团体体操　D. 艺术体操

答案：C

艺术体操是在音乐伴奏下进行的徒手或手持轻器械，以自然性动作为基础体现较强的韵律性和节奏感的体育运动项目。所以，艺术体操是女子体育教育的重要组成部分，也是进行美育教育的一种有效手段。

5. 下列哪项是艺术体操的基础？

A. 自然性动作　B. 音乐　C. 器械运动　D. 节奏

答案：A

艺术体操与其他体操项目相比，动作内容更符合女子的生理和心理特点，是以具有优美性和艺术性为其主要特征的。艺术体操具有以下三个特点：

(1) 艺术体操是以节奏为中心，以自然性动作为基础的有节奏运动。

(2) 艺术体操必须合理地运用轻器械。

(3) 艺术体操必须有音乐伴奏。

音乐伴奏是艺术体操的灵魂、动作优美是艺术体操的表现风格、节奏和韵律是艺术体操的基本运动形式、器械运动是艺术体操的主要练习形式。

根据不同的目的、任务，可把艺术体操分为一般性艺术体操和竞技性艺术体操两大类。

6. 艺术体操的灵魂是什么？

A. 音乐伴奏　　B. 动作优美　　C. 节奏和韵律　　D. 器械运动

答案：A

7. 艺术体操的基本运动形式是什么？

A. 器械运动　　B. 动作优美　　C. 音乐伴奏　　D. 节奏和韵律

答案：D

8. 下列对艺术体操的描述中错误的是？

A. 艺术体操必须合理地运用轻器械

B. 艺术体操是以节奏为中心，以自然性动作为基础的有节奏运动

C. 艺术体操必须有音乐伴奏

D. 艺术体操是一种表演性体操

答案：D

健美操是体育与艺术相结合产物，健美操的特点是：

(1) 具有较强的艺术性和健美性。

(2) 内容丰富，动作的整体性强。

(3) 持续运动，对心血管机能有突出作用。

(4) 具有较强的针对性和广泛的适应性。

(5) 健美操是人体有节奏的运动。

(6) 健美操具有塑身减肥的作用。

(7) 缓解精神压力，娱乐身心。

9. 下列哪个不是健美操的特点？

A. 持续运动，对心血管机能有突出作用

B. 人体有节奏的运动

C. 以节奏为中心，以自然性动作为基础的有节奏运动

D. 具有塑身减肥的作用，缓解精神压力，娱乐身心

答案：C

从目前健美操运动的发展来看，健美操已经形成了两大分支三个体系，两大分支是指大众健美操和竞技健美操，三大体系是指健美操的教学体系、训练体系和指导体系。

10. 下列选项中哪个不属于健美操三大体系？

A. 教学体系　　B. 指导体系　　C. 训练体系　　D. 竞技体系

答案：D

根据当今健美操的发展状况和未来的发展趋势，按照不同的目的和任务，健美操可分为健身性健美操、表演性健美操和竞技性健美操三大类。

健身性健美操是按照有氧练习的要求而进行，其练习的主要目的是“锻炼身体，保持健康”，其中包括徒手健美操、轻器械健美操、特殊场地健美操等。健身健美操动作简单，实效性强，动作以对称形式重复出现，节奏较慢，严格遵循“健康，安全”原则，在保证安全的基础上，保证运动量的适宜刺激达到锻炼身体的目的。

健美操的基本技术包括弹动技术、落地缓冲技术和身体控制技术。所有这些技术是为了保证练习的安全性。

健美操的基本步伐是组成健美操的基础，所有的基本动作可按冲击力分为三种：无冲击力动作、低冲击力动作和高冲击力动作，许多低冲击力动作同时也可做成高冲击力动作。而根据动作完成形式的不同，我们又将基本步伐分类五类：交替类；迈步类；点地类；抬腿

类；双腿类。

11. 下列不属于健美操按目的任务的分类的是：

A. 健身性健美操　B. 艺术性健美操　C. 表演性健美操　D. 竞技性健美操

答案：B

踏板操的特点是：

(1) 有效提高心率，增进健康。

(2) 安全性好，减少运动损伤。

(3) 动作变化多，娱乐性强。

(4) 提高运动能力，有效塑身。

踏板操主要有三大基本技术：重心移动、缓冲及身体的控制。

缓冲技术是踏板操，甚至是有氧健身练习的基础技术。合理的缓冲技术能够保证身体的安全。缓冲可以通过两种途径来实现：

(1) 增加缓冲的距离。

(2) 积极主动的退让。

踏板动作包括板上动作、板下动作、上下板连接动作。独立的上板下板动作都是健美操基本动作及其变形。

12. 下列哪项不属于踏板操的特点？

A. 安全性好，减少运动损伤　B. 持续运动，对心血管机能有突出作用

C. 动作变化多，娱乐性强　D. 提高运动能力，有效塑身

答案：B

13. 下列关于踏板操的说法不正确的是：

A. 踏板操，顾名思义就是踏板上的健美操

B. 踏板操，具备了健美操的所有特点

C. 健身者可以根据自身情况很容易地保持运动减肥的有效强度，更有效地提高自身的协调性

D. 踏板操容易受到运动损伤

答案：D

健美运动的特点是：

(1) 将体育和美育融为一体。

(2) 能最有效地发达肌肉。

(3) 设备简单，易于开展。

(4) 练习方式方法灵活、机动、多样，男女老少皆宜。

14. 下列不属于健美运动的特点的是：

A. 将体育和美育融为一体　B. 能容易造成肌肉损伤

C. 设备简单，易于开展　D. 练习方式方法灵活

答案：B

健美运动的健身价值：

(1) 发达肌肉，增长力量。

(2) 增进健康，增强体质。

(3) 改善体形体态。

(4) 提高神经系统机能。

(5) 调节心理活动，陶冶美好情操。

15. 下列不是健美运动的健身价值的是：

A. 增进健康，增强体质　　B. 提高神经系统机能

C. 容易造成肌肉损伤　　D. 调节心理活动，陶冶美好情操

答案：B

第二部分

多项选择

第一章 大学体育

体育教育是指通过身体活动，增强体质和健康，传授锻炼身体的知识和方法，培养道德和意志品质的有目的、有计划、有组织的教育过程。

1. 在参加体育过程中，都会有哪些行为？

A. 进行身体活动　B. 增强体质和健康

C. 传授锻炼身体的知识和方法　D. 进行竞技体育比赛

答案：ABC

体育运动是以身体练习为基本手段，以全面发展身体、增进健康、增强体质、提高运动技术水平、丰富社会生活为目的的一种社会活动，也是一种社会现象。

2. 体育运动的目的有哪些？

A. 全面发展体质　B. 增进健康

C. 增强体质　D. 提高运动技术水平

答案：BCD

竞技运动的特点有：竞争性、技艺性、公认性、国际性。

3. 竞技运动的特点都有哪些？

A. 国际性　B. 公认性　C. 竞争性　D. 技艺性

答案：ABCD

体育锻炼是指运用各种身体练习，结合自然力和卫生因素，以健身、防病治病、娱乐为目的的身体活动。

4. 体育锻炼的目的是什么？

A. 健身　B. 防病治病　C. 健美　D. 娱乐

答案：ABD

广义体育由三部分组成：体育教育、竞技运动、身体锻炼和身体娱乐。

5. 广义体育的组成部分是什么？

A. 狭义体育　B. 体育运动　C. 竞技运动　D. 身体锻炼和身体娱乐

答案：ACD

体育教育是指通过身体活动，增强体质和健康，传授锻炼身体的知识和方法，培养道德和意志品质的有目的、有计划、有组织的教育过程。

6. 下面是体育教育目的的有哪些？

A. 创造优异成绩　B. 增进健康和体质

C. 传授锻炼身体的方法和知识　D. 活跃社会文化生活

答案：BCD

广义体育由三部分组成：体育教育、竞技运动、身体锻炼和身体娱乐。

竞技运动是指在最大限度地挖掘和发挥个人或集体在体能、心理、智力等方面潜力的基础上，达到提高竞技能力水平，以创造优异运动成绩为目的的训练和竞赛。

7. 下面哪些是广义体育各组成部分的相同点？

A. 增进健康、休闲娱乐　B. 以身体练习为基本手段

C. 全面发展身体　D. 学习一定的体育知识

答案：BCD

身体锻炼和身体娱乐的特点有：群众性、灵活性、多样性、自愿性、娱乐性。
身体锻炼和身体娱乐的目的是增进健康、休闲娱乐。
身体锻炼和身体娱乐的主要形式和方法是自我锻炼和自我娱乐。

8. 下列是身体锻炼身体娱乐特点的是（　　）。

A. 群众性　　B. 灵活多样性　　C. 自愿性　　D. 娱乐性

答案：ABCD

社会需要是体育产生和发展的基础。生存需要是体育产生的动因。人类需要层次的提高推动体育的发展。

9. 下列说法中哪些是正确的？

A. 体育运动有自愿性、娱乐性的特点　　B. 生存需要是体育产生的动因
C. 人类需要层次的提高推动体育的发展　　D. 体育指的是以身体活动为手段的教育

答案：BC

身体锻炼和身体娱乐的特点有：群众性、灵活性、多样性、自愿性、娱乐性。
身体锻炼和身体娱乐的目的是增进健康、休闲娱乐。
身体锻炼和身体娱乐的主要形式和方法是自我锻炼和自我娱乐。

10. 下列哪些是身体锻炼身体娱乐的主要形式和方法？

A. 课外体育活动　　B. 运动竞赛　　C. 自我锻炼　　D. 自我娱乐

答案：CD

竞技运动是指在最大限度地挖掘和发挥个人或集体在体能、心理、智力等方面潜力的基础上，达到提高竞技能力水平，以创造优异运动成绩为目的的训练和竞赛。
竞技运动的特点有：竞争性、技艺性、公认性、国际性。
竞技运动的主要形式和方法是运动训练和运动竞赛。

11. 下列哪些是竞技运动的主要形式和方法？

A. 体育教学　　B. 运动训练　　C. 运动竞赛　　D. 自我锻炼

答案：BC

体育锻炼时增强人类体质的有效手段。
体育锻炼是以健身、防病治病、娱乐为目的的身体活动。
体育锻炼的主要形式是自我锻炼。

12. 下列说法正确的有哪些？

A. 体育锻炼时增强人类体质的有效手段
B. 体育锻炼是以健身、防病治病、娱乐为目的的身体活动
C. 体育锻炼的主要形式是课外体育活动
D. 体育锻炼是人们自愿自发进行的

答案：ABD

体育锻炼时增强人类体质的有效手段。
体育运动能促进人的心理健康、提高人的智力水平、预防和治疗某些疾病。

13. 下列哪些是进行体育运动能带来的好处？

A. 能促进人的心理健康　　B. 提高人体的生长发育水平
C. 提高人的智力水平　　D. 预防和治疗某些疾病

答案：ABCD

体育作为社会文化对人社会化的影响：

(1) 体育是传授生活技术、技能的重要手段。

(2) 体育潜移默化地教导人们遵守社会规范。

(3) 体育群体中角色的担任有利于适应不同的社会角色。

14. 体育作为社会文化对人社会化的影响有哪些？

A. 体育是传授生活技术、技能的重要手段

B. 体育能提高人的身体素质和健康水平

C. 体育潜移默化地教导人们遵守社会规范

D. 体育群体中角色的担任有利于适应不同的社会角色

答案：ACD

体育对人类社会发展的作用：促进人类的健康、促进人的社会化、促进社会经济的发展。

增强体质增进健康的作用是体育根本性质的体现。

体育对人类健康的作用主要体现在身体和心理两个方面。

15. 体育对人类社会发展的作用有哪些？

A. 促进人类的健康　　B. 完善人的社会生活

C. 提高人的社会化　　D. 加快社会经济的发展

答案：ACD

体育是素质教育的重要内容，又是素质教育的手段。

素质教育的重要内容和目的是提高人才素质。

素质教育是当今社会的主流教育方式，身体、心理是素质教育重要的组成部分，体育是素质教育的主要内容。

16. 体育与素质教育之间的关系有哪些？

A. 体育是素质教育的重要内容　　B. 体育与素质教育是相辅相成的关系

C. 体育是素质教育的手段　　D. 体育是素质教育重要的组成部分

答案：AC

素质包括：思想道德素质、劳动技能素质、身体心理素质。

素质教育的核心是培养学生的创新能力和实践能力。

17. 素质有以下哪几个方面？

A. 思想道德　　B. 科学文化　　C. 劳动技能　　D. 身体心理

答案：ACD

大学体育学习应具备的理念：树立健康第一思想、符合素质教育要求、奠定终身体育基础。

18. 大学体育学习应具备的理念有哪些？

A. 丰富大学生活　　B. 树立健康第一思想

C. 符合素质教育要求　　D. 奠定终身体育基础

答案：BCD

体育对社会经济发展的促进：体育是提高劳动者身体素质的重要手段、体育产业已是国民经济重要的组成部分、体育消费的兴起带动经济的增长。

19. 体育对社会经济发展的促进体现在下列哪几个方面？

A. 体育产业已是国民经济重要的组成部分

B. 体育是传授生活技术、技能的重要手段

C. 体育是提高劳动者身体素质的重要手段

D. 体育消费的兴起带动经济的增长

答案：ACD

大学体育学习过程中需要达到的目标：运动参与目标、运动技能目标、身体健康目标、心理健康目标、社会适应目标。

20. 下列哪些是大学体育学习过程中需要达到的目标？

A. 了解体育与健康的基本知识

B. 掌握自身从事体育活动的基本能力

C. 理解体育活动在促进人类健康中的作用

D. 形成健康的生活方式，并用于健康的体魄

答案：ABCD

大学体育学习的目标：掌握体育和健康的基本知识，提高体育活动的能力；养成坚持锻炼身体的习惯，形成健康的行为生活方式；培养自身的道德修养、合作精神和坚强毅力。

运动技能目标：熟练掌握两项以上健身运动的基本方法和技能、能科学的进行体育锻炼，提高自己的运动能、掌握常见运动创伤的处置方法。

社会适应目标：表现出良好的体育道德和合作精神；正确处理竞争与合作的关系。

21. 要达到体育学习目标，要达到下列哪些要求？

A. 养成坚持锻炼身体的习惯，形成健康的行为生活方式

B. 有规律地、定时定量地完成一定的锻炼任务

C. 掌握体育和健康的基本知识，提高体育活动的能力

D. 培养自身的道德修养、合作精神和坚强毅力

答案：ACD

大学体育学习主要途径：体育课程、课余体育活动。

课余体育的特点：灵活性、开放性、综合性、趣味性、自主性。

22. 大学体育学习主要有哪些途径？

A. 自我锻炼　　B. 体育课程　　C. 课余体育活动　　D. 竞技比赛

答案：BC

竞技运动的特点有：竞争性、技艺性、公认性、国际性。

23. 下边选项中哪些是竞技运动的特点？

A. 公平性　　B. 国际性　　C. 竞争性　　D. 技艺性

答案：BCD

体育锻炼的作用：可以改变人的形态结、可以提高人体的生长发育水、可以提高人的智力水平、有利于人体某些遗传性状的变异。

课余体育包括早操、课间操、班级体育活动、课余训练、课余竞赛、校外体育等。

体育运动是体育教育、竞技运动、身体锻炼和身体娱乐的总称。

24. 关于体育锻炼下列说法正确的有哪些？

A. 可以改变人的形态结构　　B. 可以提高人体的生长发育水平

C. 可以提高人的智力水平　　D. 有利于人体某些遗传性状的变异

答案：ABCD

第二章 健 康

健康是人类生存和发展最基本的条件，也是创造社会物质文明和精神文明的基础。

1. 健康是创造社会什么方面的基础？

A. 精神文明 B. 科技文明 C. 物质文明 D. 人生价值

答案：AC

影响健康的因素多种多样，在诸多因素中，体育锻炼对健康的影响最为活跃。

2. 下列选项中哪些因素对人体健康有影响？

A. 行为方式 B. 体育锻炼 C. 心理活动 D. 饮食习惯

答案：ABCD

著名体育教育学家马约翰教授的健康思想是：运动是健康的源泉。

泰戈尔有句名言：生命在于运动。

教育部部长周济在第七届大学生运动会上，对大学生提出：以人为本，健康第一，终身体育。

3. 下列选项中哪些是个人提出的观点或口号？

A. 运动是健康的源泉 B. 生命在于运动

C. 健康是工作的基础，身体是革命的本钱 D. 以人为本，健康第一，终身体育

答案：BD

健康是一个动态的理念。健康不仅仅是没有病和不虚弱，而且是身体上、心理上和社会适应能力上三方面的完美状态。这就是三维健康观。

随着医学、自然科学的发展，社会的进步等，人们对健康的认识提高到了一个崭新的水平，人们认为“健康不仅仅是躯体没有疾病，而且还应具备心理健康、社会适应良好和道德健康”。这就是四维健康观。

4. 下列选项中，三维健康观中提到的需要达到完美状态的三个方面是哪些？

A. 身体 B. 心理 C. 道德 D. 社会适应能力

答案：ABD

5. 下列选项中，三维健康观和四维健康观的相同点有哪些？

A. 道德健康 B. 身体健康 C. 心理健康 D. 社会适应良好

答案：BCD

健康的指标是评价人们健康水平、健康教育工作计划和健康教育措施效果的依据。

健康不仅是主观状态，而且是客观事实。

6. 健康的指标是评价下列哪些方面的依据？

A. 人们健康水平 B. 健康教育工作计划

C. 健康教育措施效果 D. 体育锻炼程度

答案：ABC

个人健康评价：形态方面、生理功能方面、身体素质方面、心理方面、社会方面、疾病状况。

健康测量是对人体健康实施的描述，健康评价是对健康测量结果的判断。

7. 下列选项中哪些是个人健康评价所包含的内容？

A. 生理功能方面　B. 行为方式方面　C. 身体素质方面　D. 心理方面

答案：ACD

健康测量就是运用定量和定性的方法，对人体生长发育水平、生理和心理状态及对社会的适应能力进行测定。健康评价是根据可靠有效的评价理论、评价标准和方法对受试者的健康状况做出判断。健康测量与健康评价，既有联系又有区别。健康测量是对人体健康实施的描述，健康评价是对健康测量结果的判断。

8. 健康测量是对下列哪些选项进行测定的？

A. 人体生长发育水平　B. 生理状态　C. 心理状态　D. 社会的适应能力

答案：ABCD

9. 下列对健康测量与健康评价的说法正确的有哪些？

A. 健康测量是对人体健康测量结果的判断

B. 健康测量是对人体健康实施的描述

C. 健康评价是对健康实施的描述

D. 健康评价是对健康测量结果的判断

答案：BD

10. 下列选项中有哪些是一个健康大学生需要达到的？

A. 一个月之内体重的增减不超过 3 千克　B. 每天体温波动不超过 1 摄氏度

C. 心率每分钟 60 次左右　D. 每分钟呼吸次数为 16～20 次

答案：ABD

影响健康的因素：人体的生物学因素、环境因素、行为与生活方式因素、社会保健制度因素。

11. 下列选项中哪些是影响健康的因素？

A. 人体的生物学因素　B. 环境因素

C. 行为与生活方式因素　D. 社会保健制度因素

答案：ABCD

在影响和制约人体健康的诸多生物学因素中，主要有遗传和心理的两种因素。

后代形成和亲代相似的多种特征称遗传特征。

心理因素和身心健康的关系可以从以下三个方面来分析：消极的心理因素能引起许多疾病、积极的心理状态是保持和增进健康的必要条件、心理因素在治疗中的作用。

12. 在生物学因素中，下列哪些因素是主要的？

A. 遗传　B. 生理　C. 心理　D. 身体

答案：AC

亚健康（Sub-health）概念首先是由前苏联学者于 20 世纪 80 年代提出的。

由于人们习惯上把健康称作是第一种状态，患病称为第二种状态，因此上把这种非患病、非健康的中间状态又称为“第三状态”，也称灰色状态、病前状态、亚临床期、临床前期、潜病期等。

13. 下列选项中哪些是亚健康状态的别称？

A. 灰色状态　B. 亚临床期　C. 第三状态　D. 潜病期

答案：ABCD

国内外研究表明，现代社会完全符合健康标准的人约有 15%，属于有疾病在身的人约有 15%，其余近 70% 的人都处在不同程度的亚健康状态。

处于亚健康状态的人精力衰竭、抵抗力减弱、工作效率低。主要原因是成年累月积聚起来的工作和生活压力得不到有效的缓解而造成的。

14. 处于亚健康状态的人会有下列哪些特征？

A. 精力衰弱　　B. 头昏脑胀　　C. 抵抗力减弱　　D. 工作效率低

答案：ACD

我国亚健康人群处在的区域不同，其引起的亚健康状态的形式也不尽相同。

亚健康的证候特点：身体疲劳减少、脑力疲劳增多、精神疲劳严重。

亚健康的起因：过度疲劳造成的精力、体力透支、人的自然衰老、现代身心疾病，如心脑血管病、肿瘤等疾病的前期、人体生物周期中的低潮时间。

15. 下列选项中哪些是亚健康的起因？

A. 过度疲劳造成的精力、体力透支

B. 人体生物周期中的低潮时间

C. 现代身心疾病，如心脑血管病、肿瘤等疾病的前期

D. 人的自然衰老

答案：ABCD

亚健康的临床特征及对生活的影响：失眠或嗜睡、健忘、食欲不振、性欲低下、烦躁不安、抑郁或消沉、焦虑不安、疲乏无力、头晕心悸气短、大小便问题、免疫功能下降等。

亚健康的防治方法：健康教育指导、生物医学治疗、心理行为干涉、重视预防保健。

16. 下列哪些是亚健康的防治方法？

A. 行为方式矫正　　B. 健康教育指导　　C. 生物医学治疗　　D. 心理行为干涉

答案：BCD

健康教育指导是调控亚健康的重要方法之一。不正确、不科学的生活行为因素是导致亚健康的重要原因，而不健康的生活方式的形成，主要是由于患者的卫生保健方面的知识缺乏所致。

心理预防干涉：

(1) 明确心理治疗、干预治疗的重要意义，结合健康教育进行。

(2) 针对焦虑不安、紧张情绪的特点，帮助解除顾虑，稳定情绪，树立信心，配合治疗。

(3) 倾听患者倾诉，引导患者陈述，宣泄心理、精神、情绪压力。

(4) 坚持治疗，定期跟踪随访，调整治疗方案，巩固成绩，提高疗效，预防复发。

重视预防保健的做法是：

(1) 提高自我保健意识，改变性格缺陷，宣泄心理压力，改变不良生活习惯，建立良好的生活规律，劳逸结合，张弛适度，休息充分。

(2) 适当进行体力劳动，劳逸结合。加强体育锻炼，保持适当体重，饮食有节，起居有常，不暴饮暴食，注意环境卫生，避免毒邪侵袭，做好特殊时期的卫生保健，如妇女月经期。

(3) 提高科学素养，科学地认识健康和疾病，提高社会适应能力和环境适应能力。

17. 下列哪些是心理预防干涉需要做到的？

A. 明确心理治疗、干预治疗的重要意义，结合健康教育进行

B. 针对焦虑不安、紧张情绪的特点，帮助解除顾虑，稳定情绪，树立信心，配合治疗

C. 倾听患者倾诉，引导患者陈述，宣泄心理、精神、情绪压力

D. 提高自我保健意识，改变性格缺陷，宣泄心理压力

答案：ABC

生活方式是指人们长期受一定文化、民族、经济、社会、风俗，特别是家庭影响而形成的一系列生活习惯、生活制度和生活意识。

培养良好的健康行为：养成健康习惯、讲究心理卫生、持之以恒地进行体育锻炼、营养全面平衡、生活起居有规律。

健康行为是指一切有利于提高身体健康水平，降低损害健康的危险因素的活动和习惯。

18. 下列哪些是良好的健康行为？

A. 养成健康习惯　　B. 讲究心理卫生

C. 持之以恒地进行体育锻炼　　D. 生活起居有规律

答案：ABCD

三大营养素包括糖、脂肪和蛋白质，它们是构成机体组织和提供能量所必需的物质。微量营养素包括维生素和无机盐，它们的主要功能是维持细胞的功能。

19. 下列哪些属于三大营养素？

A. 糖　　B. 脂肪　　C. 维生素　　D. 蛋白质

答案：ABD

20. 下列哪些物质是微量营养素？

A. 蛋白质　　B. 无机盐　　C. 维生素　　D. 脂肪

答案：BC

根据分子结构的简繁，糖可分为单糖（包括葡萄糖、半乳糖、果糖），双糖（包括蔗糖、麦芽糖、乳糖）与多糖（包括淀粉、糖元与果胶）三类。

糖类对机体的主要营养功用是：

(1) 供给能量。

(2) 维持中枢神经机能。

(3) 调节脂肪代谢。

(4) 促进蛋白质的吸收利用。

(5) 保护肝脏。

(6) 构成机体重要物质。

21. 下列哪些属于糖类的营养功能？

A. 供给能量　　B. 维持中枢神经机能

C. 构成机体组织　　D. 促进蛋白质的吸收利用

答案：ABD

脂肪按分子结构分为饱和脂酸和不饱和脂酸两类。不饱和脂酸又分为单不饱和脂酸与多不饱和脂酸。

脂肪对机体的主要营养功用是：

(1) 储能和供能。

(2) 构成机体组织。

(3) 供给必需的脂肪酸。

(4) 携带脂溶性纤维素，并促进其吸收利用。

(5) 体内脂肪还有保护和固定器官的作用，皮下脂肪有保温作用。

22. 下列哪些是脂肪对机体的营养功能？

A. 构成机体组织　　B. 携带脂溶性纤维素，并促进其吸收利用
C. 储能和供能　　D. 调节生理功能
答案：ABC

蛋白质的营养功用有：
(1) 蛋白质的基本作用是构成机体组织和修补组织。
(2) 调节生理功能。
(3) 供给热能。

蛋白质的结构单元是氨基酸，20 种不同的氨基酸头尾相连构成功能各异的蛋白质。人的机体能够合成 11 种氨基酸，不必从食物中摄取。另外 9 种机体不能合成的氨基酸称为必需氨基酸，需从食物中摄取。

23. 下列哪些是蛋白质的营养功能？
A. 构成机体组织　　B. 构成机体组织和修补组织
C. 供给热能　　D. 调节生理功能
答案：BCD

水是人体除氧以外赖以生存的最重要的物质。
水的营养功能有：
(1) 构成人体组织。
(2) 保证和参与物质的代谢过程。
(3) 调节体温。
(4) 体内物质的运输。
(5) 保证腺体正常分泌。

成人体重的 1/3 是由水组成的，血液、脑脊液等含水量高达 90% 以上，肌肉神经含水 60%～80%，脂肪和骨骼含水 30% 以下。

24. 下列哪些是水的营养功能？
A. 构成人体组织　　B. 保证和参与物质的代谢过程
C. 调节体温　　D. 体内物质的运输
答案：ABCD

健康饮食的原则：平衡性原则、适当性原则、全面性原则、针对性原则。

营养适当是指人所摄取的各种营养成分之间的配比要合理，即在全面和均衡的基础上进行适当的饮食搭配。

25. 下列哪些属于健康饮食的原则？
A. 平衡性原则　　B. 合理性原则　　C. 全面性原则　　D. 针对性原则
答案：ACD

体育锻炼对身体健康的作用是：
(1) 增强心脏和循环系统的功能，预防心血管病和中风。
(2) 改善呼吸系统的功能。
(3) 提高消化系统的功能。
(4) 增强运动系统的功能。
(5) 具有健脑功能。

26. 下列哪些是体育锻炼对身体健康的作用？
A. 改善呼吸系统的功能　　B. 增强运动系统的功能

C. 具有健脑功能　　　　　D. 增强心脏和循环系统的功能，预防心血管病和中风

答案：ABCD

体育运动对增强心理健康的主要作用可体现在以下几个方面：

(1) 增强自信心，体验成功感，克服自卑心理，促进个性心理的良性发展以及优良性格和气质的形成。

(2) 体育活动具有宣泄功能，在身体活动时你可以释放内心的压抑，忘却烦恼，同时也能给你带来身心上的愉悦。

(3) 提高适应能力。体育运动可以增强生理功能和抵抗力，进而提高对自然环境的适应能力，同时也可提高对社会环境的适应能力。

(4) 增强社会交往能力，改善人际关系。

(5) 参加体育活动可以培养积极向上、不怕艰苦、敢于挑战和顽强拼搏的意志品质。

(6) 体育锻炼能培养对自我、家庭、集体、社会的责任感。

锻炼心理学的大量研究表明，长期的身体锻炼能促进心理健康，治疗身心疾病。强壮的身体是健康的基础，而良好的心理是健康的源泉。

27. 下列哪些是体育锻炼对心理健康的作用？

A. 增强社会交往能力，改善人际关系

B. 提高适应能力

C. 体育锻炼能培养对自我、家庭、集体、社会的责任感

D. 体育锻炼能够培养和谐的人际关系

答案：ABC

现代科学和实践已证明，体育锻炼在增强体质、促进健康的同时，还可以防病、治病、康复、保健，从而预防现代社会所带来的一些“文明病”，具有使人青春常在、延年益寿的功能。

体育锻炼对保健康复的作用：

(1) 预防骨裂。

(2) 防止高血压。

(3) 降低糖尿病发生的危险性。

(4) 控制体重与改善体型（减肥）。

(5) 保持身体活动能力。

(6) 减缓心理压力。

(7) 预防癌症。

28. 下列哪些是体育锻炼对保健康复的作用？

A. 保持身体活动能力　　　　B. 降低糖尿病发生的危险性

C. 控制体重与改善体型　　　D. 改善呼吸系统的功能

答案：ABC

29. 下列说法中哪些是正确的？

A. 糖能够维持中枢神经机能　　　B. 脂肪能够构成机体组织

C. 蛋白质能够保证腺体正常分泌　D. 水能够保证和参与物质的代谢过程

答案：ABD

第三章　心理健康

大学生的生理特征是：

(1) 身体形态和机能发展迅速。

(2) 大脑神经系统发育成熟。

(3) 性成熟和性意识的觉醒。

1. 下列属于大学生的生理特征是：

A. 身体形态和机能发展迅速　　B. 大脑神经系统发育成熟

C. 性成熟和性意识的觉醒　　D. 自我意识进一步加强

答案：ABC

大学生的心理特征是：

(1) 敏锐的认识能力。

(2) 丰富而热烈的情绪。

(3) 自觉性和坚持性较强的意志力。

(4) 自我意识进一步发展。

2. 下列属于大学生的心理特征的是：

A. 敏锐的认识能力　　B. 丰富而热烈的情绪

C. 自觉性和坚持性较强的意志力　　D. 自我意识进一步发展

答案：ABCD

世界卫生组织对健康的定义：健康不仅是指一个人没有疾病，而且是指有良好的身体和精神以及社会适应能力的状态。

3. 下列属于世界卫生组织对健康的定义有：

A. 没有疾病　　B. 有良好的精神

C. 有良好的社会适应能力　　D. 有较强的意志力

答案：ABC

大学生心理问题的诱因：

(1) 交际困难造成心理压力。

(2) 学习与生活的压力。

(3) 角色转换与适应环境。

(4) 对网络的依赖性。

(5) 情感危机。

(6) 就业压力。

(7) 家庭及外界环境的不利影响。

4. 下列属于大学生心理问题的诱因有：

A. 交际困难造成心理压力　　B. 学习与生活的压力

C. 角色转换与适应环境　　D. 正确的人生态度

答案：ABC

大学生的心理调适：

(1) 重新认识自我，找准在大学里的位置。

(2) 尽快熟悉环境，融入集体，多与人交往。

(3) 多参与体育活动。

(4) 重新给自己定位，寻找新的奋斗目标。

5. 下列调适方法不属于大学生的心理调适的是：

A. 重新认识自我，找准在大学里的位置　　B. 尽快熟悉环境，融入集体，多与人交往

C. 多参与体育活动　　D. 重新给自己定位，寻找新的奋斗目标

答案：ABCD

大学生以积极乐观的态度面对人生的具体表现：

(1) 树立正确的人生态度。

(2) 轻松满意的心境。

(3) 和谐的人际关系。

(4) 良好的个性，统一的人格。

(5) 适度的情绪，充分的理智。

6. 下列属于大学生积极乐观的态度的具体表现有：

A. 树立正确的人生态度　　B. 轻松满意的心境

C. 和谐的人际关系　　D. 较大的学习压力

答案：ABC

疲劳按产生的原因可以分为脑力劳动疲劳和运动性疲劳两种。

7. 疲劳按产生的原因可以分为：

A. 脑力劳动疲劳　　B. 心理疲劳　　C. 生理疲劳　　D. 运动性疲劳

答案：AD

脑力劳动疲劳可分为两种性质：一是生理疲劳；二是心理疲劳。

8. 脑力劳动疲劳按性质可分为：

A. 心理疲劳　　B. 生理疲劳　　C. 神经疲劳　　D. 肌肉疲劳

答案：AB

预防脑力劳动疲劳：

(1) 科学用脑。

(2) 劳逸结合，保证睡眠。

(3) 遵循人体生物规律，调节身心负荷。

(4) 培养学习兴趣。

(5) 创造良好的学习环境。

9. 下列方法能预防脑力劳动疲劳的是：

A. 劳逸结合，保证睡眠　　B. 创造良好的学习环境

C. 遵循人体生物规律，调节身心负荷　　D. 多参与体育活动

答案：ABC

运动性疲劳大致可分为肌肉疲劳、神经疲劳和内脏疲劳。

10. 下列属于运动性疲劳的有：

A. 肌肉疲劳　　B. 神经疲劳　　C. 内脏疲劳　　D. 生理疲劳

答案：ABC

疲劳的程度一般可分为三度，即轻度疲劳、中度疲劳和过度疲劳。在体育运动中人体适

应大运动所出现的疲劳现象与过度疲劳是有区别的，过度疲劳是一种病理状态。

11. 疲劳程度可分为哪几类：

A. 轻度疲劳　　B. 中度疲劳　　C. 过度疲劳　　D. 极限疲劳

答案：ABC

疲劳程度自我检查指标：轻度疲劳：睡眠、食欲良好，体力充沛，消除疲劳快，有继续锻炼的要求；中度疲劳：疲乏，睡眠不好，精神不振，食欲欠佳；过度疲劳：除疲乏、腿疼、心悸外，尚有头痛、恶心，甚至呕吐，肝部疼痛，心律不齐，失眠食欲减退，体重持续下架，厌烦运动，倦怠，易激动。

12. 疲劳程度有哪几种类型？

A. 轻度疲劳　　B. 中度疲劳　　C. 重度疲劳　　D. 过度疲劳

答案：ABD

对大学生而言，心理健康的鉴别标准有：

(1) 个人与环境关系和谐。

(2) 自我了解，自我认识，自我接纳。

(3) 行为协调，人格完整。

13. 对大学生而言，心理健康的鉴别标准有：

A. 个人与环境关系和谐　　B. 自我了解，自我认识，自我接纳

C. 行为协调，人格完整　　D. 狂妄自大，目中无人

答案：ABC

人格内在的协调，表现为认知能力，情绪反应和意志行为三方面的协调，需要、欲望与目标的协调，动机与行为的协调，行为与环境的协调。

14. 下面不是人格内在协调表现的有哪些：

A. 认知能力　　B. 情绪反应　　C. 意志行为　　D. 心理活动

答案：ABC

自我调控能力的形成：要在日常生活中，运用自我激励，自我督导，自我磨炼等方法，潜移默化地增强自身意志，提高竞争意识。

15. 在日常生活中，增强自我调控能力的方法有哪些：

A. 自我激励　　B. 自我督导　　C. 自我磨炼　　D. 自我安慰

答案：ABC

仲氏抑郁指数与抑郁症状的严重程度关系如下：指数 50% 以下为正常范围；指数在 50%～59% 为轻度抑郁；指数在 60%～69% 为中度抑郁；指数在 70% 及以上为重度至严重抑郁。

16. 下列仲氏抑郁指数与抑郁症状的表述正确的是：

A. 仲氏抑郁指数在 40%～49% 为轻度抑郁

B. 仲氏抑郁指数在 60% 及以上为重度至严重抑郁

C. 仲氏抑郁指数 50%～59% 为中度抑郁

D. 仲氏抑郁指数 50% 以下为正常范围

答案：ABC

斯蒂文·威斯特精神柔软体操使精神和身体得到放松的方法介绍：

(1) 消除烦恼法。

(2) 愿望开发法。

(3) 把握现实法。

17. 下列斯蒂文·威斯特精神柔软体操使精神和身体得到放松的方法有：

A. 消除烦恼法　　B. 愿望开发法　　C. 把握现实法　　D. 自我暗示法

答案：ABC

抑郁症自我治疗的方法有：

(1) 善于认知。

(2) 自我暗示。

(3) 充分宣泄。

(4) 勤写日记。

(5) 寻找快乐。

(6) 广交朋友。

(7) 面对现实。

18. 下列是抑郁症自我治疗的方法有：

A. 自我暗示　　B. 充分宣泄　　C. 广交朋友　　D. 自暴自弃

答案：ABC

心理学知识可以使大学生更深刻地认识自己，达到自我认识，自我发展，自我完善。

19. 心理学知识对大学生认识自己的作用有：

A. 自我认识　　B. 自我发展　　C. 自我完善　　D. 自我安慰

答案：ABC

大学生心理问题的表现在学生中的比例女生高于男生，不同年级中二年级比例高于其他年级。非城市学生的比例高于城市学生，其中边远农村学生的比例最高。

20. 下列关于大学生心理问题在学生中的比例的说法不正确的是：

A. 女生比例低于男生　　B. 二年级的比例最高

C. 非城市学生的比例低于城市学生　　D. 边远农村学生的比例最低

答案：ACD

神经系统是人体发育最早、最快、成熟最早的一个系统；生殖系统是人体最后成熟的一个系统。大学生由于性激素的作用，肌纤维变粗，身体逐渐结实强壮。身体各器官及生理功能迅速发展，特别是作为生理基础的消化系统、呼吸系统、循环系统等迅速发展，促进了身体内部机能的进一步健全。

21. 下列说法正确的是：

A. 神经系统是人体发育最早、最快、成熟最早的一个系统

B. 生殖系统是人体最后成熟的一个系统

C. 大学生由于肾上腺激素的作用，肌纤维变粗，身体逐渐结实强壮

D. 大学生身体各器官及生理功能迅速发展

答案：ABD

我国高校心理教育工作已经经过了导入期、探索期、起步期、推广期四个阶段，目前已步入全面发展期。

22. 我国高校心理教育工作已经经历了哪几个阶段：

A. 导入期　　B. 探索期　　C. 推广期　　D. 起步期

答案：ABCD

第四章 体质健康

《国家学生体质健康标准》的测试项目：测试项目为六项，其中身高、体重、肺活量为必测项目，选测项目为三项：从50米跑、立定跳远中选测一项；男生从台阶试验、1000米跑中选测一项；女生从台阶试验、800米跑中选测一项；男生从坐位体前屈、握力中选测一项；女生从坐位体前屈、仰卧起坐和握力中选测一项。

1. 下列属于《国家学生体质健康标准》规定的大学生必测项目的是：

A. 身高　　B. 体重　　C. 肺活量　　D. 50米跑

答案：ABC

各个测试项目的得分之和为《国家学生体质健康标准》的最后得分，根据最后得分评定等级；90.0分以上为优秀，80.0分～89.9分为良好，60.0分～79.9分为及格、59.9分及以下为不及格。每学年评定一次成绩并记入《学生体质健康标准登记卡片》，学生毕业年级的等级评定，按毕业当年的成绩和其他学年平均成绩（各占50%）之和评定。学生达到《标准》良好等级及以上者，方可评为三好学生、获奖学金。对《标准》测试成绩不及格者，在本学年度准予补考一次，补考仍不及格，则学年评定成绩不及格。学生毕业时《标准》测试成绩达不到50.0分者，按结业或肄业处理。

2. 下列关于《国家学生体质健康标准》的测试得分的说法正确的是：

A. 最后的得分90.0分以上为优秀

B. 学生达到《标准》良好等级及以上者，方可评为三好学生、获奖学金

C. 测试成绩不及格者，在本学年度准予补考一次

D. 学生毕业时，《标准》成绩不及格者，仍可毕业

答案：ABC

身体运动素质是人体在运动中表现出来的速度、力量、耐力、柔韧、灵敏与协调的素质。

3. 下列属于身体运动素质在运动中表现出来的有：

A. 速度　　B. 力量　　C. 耐力　　D. 柔韧

答案：ABCD

身体健康素质是与身体健康关系更加密切的一些要素，包括身体成分、心血管系统的功能、肌肉的力量和耐力以及柔韧性。

4. 下列属于身体健康素质的要素的有：

A. 身体成分　　B. 心血管系统的功能　　C. 柔韧性　　D. 耐力

答案：ABCD

身高标准体重是指身高与体重两者的比例应在正常的范围。它通过身高与体重一定的比例关系，反映人体的围度、宽度和厚度以及人体的密度。是评价人体形态发育水平和营养善及身体匀称度的重要指标。体重指数BMI＝身高（m）/体重（kg）^{2}

5. 下列关于身高标准指数的说法正确的是：

A. 反映人体的围度、宽度和厚度以及人体的密度

B. 评价人体形态发育水平和营养善及身体匀称度的重要指标

C. 身高与体重两者的比例应在正常的范围

D. 体重指数BMI＝身高（m）/体重（kg）

答案：ABC

台阶试验是一项定量负荷机能试验，主要用以测定人体心血管系统机能，也可间接推断机体的耐力。800 米和 1000 米属于耐力跑测试，是一种评价心血管系统机能水平最简便的方法。耐力既是身体体健康素质的组成部分之一，又是身体运动素质组成部分之一。肺活量是指在不限时间的情况下，一次最大吸气后再尽最大力量所呼出的气量。它是评价人体呼吸系统机能的一个重要指标。50 米跑是国际上通用的测试项目，通过较短距离的高强度跑测试速度素质。速度素质的测试可以反映人体中枢神经系统的机能，也可综合反映人体的爆发力、灵敏、反应等素质。

6. 下列说法正确的是：

A. 台阶试验主要用以测定人体中枢神经系统机能

B. 800 米和 1000 米是一种评价心血管系统机能水平最简便的方法

C. 肺活量是评价人体呼吸系统机能的一个重要指标

D. 50 米跑可以反映人体中枢神经系统的机能

答案：BCD

促使身体成分更加合理的锻炼方法：

(1) 要选择好适宜的运动方式。

(2) 保证每周的锻炼次数。

(3) 锻炼的强度是决定降体重计划能否实现的关键。

(4) 持续运动的时间对降低体重最为重要。

(5) 大肌肉群参与运动能够消耗更多的热量。

(6) 锻炼和控制饮食相结合。

7. 下列属于促使身体成分更加合理的锻炼方法的有：

A. 锻炼和控制饮食相结合　　B. 选择好适宜的运动方式

C. 锻炼次数越多越好　　D. 控制持续运动的时间

答案：ABD

健身走的强度分类如下。

最慢速走：每分钟 60～70 步（每小时 2.5～3 公里）

慢速走：每分钟 70～90 步（每小时 3～4 公里）

中速走：每分钟 90～120 步（每小时 4～5 公里）

快速走：每分钟 120～140 步（每小时 5～6 公里）

最快速走：每分钟 140 步以上（每小时接近走 10000 步）

8. 下列关于健身走的说法正确的有：

A. 最慢速走：每分钟 60～70 步　　B. 慢速走：每分钟 70～90 步

C. 中速走：每分钟 120～140 步　　D. 最快速走：每分钟 140 步以上

答案：ABD

靶心率是指通过有氧运动提高心血管循环系统的机能时有效而安全的运动心率。靶心率范围在 60%～80%之间。最大心率＝220－年龄。运动强度一定要控制靶心率的范围之内。

9. 下列关于心率的说法正确的有：

A. 靶心率是指通过有氧运动提高心血管循环系统的机能时有效而安全的运动心率

B. 靶心率范围在 40%～60%

C. 最大心率＝220－年龄

D. 运动强度一定要控制靶心率的范围之内。

答案：ACD

发展和提高心血管循环系统功能的运动有：走步、慢跑、游泳、骑自行和其他一些持续性运动项目，如球类运动、体育舞蹈、爬山远足等。耐力素质的高低是心血管循环系统的重要标志。

10. 下列属于发展和提高心血管循环系统功能的运动有：

A. 游泳　　B. 骑自行车　　C. 篮球　　D. 快跑

答案：ABC

最高重复次数 RM（Repetition maximum）是表示能重复的最高次数，即进行某一重量的练习时，用连续练习的最大重复次数来衡量负荷的大小。RM 仅代表能最大重复多少次的重量，而不反映重量的绝对值。

不同 RM 和组数的力量练习对肌肉的影响

强度	组数	练习效果
3RM～6RM	3～6	主要发展肌肉的绝对力量
8RM～12RM	3～6	主要发展肌肉的体积
18RM～20RM	4～6	主要发展肌肉的耐力

11. 下列关于最高重复次数 RM 的说法正确的有：

A. RM 是表示能重复的最高次数，即进行某一重量的练习时，用连续练习的最大重复次数来衡量负荷的大小

B. RM 仅代表能最大重复多少次的重量，而不反映重量的绝对值

C. 强度 3RM～6RM，组数 3～6 主要发展肌肉的绝对力量

D. 强度 8RM～12RM，组数 3～6 主要发展肌肉的耐力

答案：ABC

肌肉力量练习的效果与训练中的多种因素有关。主要的因素有三种：最高重复次数和组数、每组练习的间隔时间、每次练习的间隔时间。

12. 下列属于影响肌肉力量练习效果的主要因素的是：

A. 最高重复次数和组数　　B. 每组练习的间隔时间

C. 每次练习的间隔时间　　D. 控制锻炼的饮食平衡

答案：ABC

伸展练习可以有效地发展柔韧性，主要有三种形式：

（1）主动或被动的静态伸展法

（2）主动或被动的弹性伸展法

（3）本体感受神经肌肉伸展法（PNF 法）

13. 通过下列伸展练习可以有效发展柔韧性的方法是：

A. 主动或被动的静态伸展法　　B. 主动或被动的弹性伸展法

C. 本体感受神经肌肉伸展法（PNF 法）　D. 大肌肉群参与运动法

答案：ABC

体育锻炼处方是指根据每个准备从事体育锻炼的个体的身心状况而制定的一种定量化的周期性体育锻炼计划。它是由体育指导者针对体育锻炼参加者身体的医学诊断结果、运动经历和健康状况，依照体育锻炼的目的，为个体体育锻炼参加者制定的以体育锻炼项目运动负荷、时间及频度为内容的指导性方案。按体育锻炼的不同目的，体育锻炼处方可分为健身锻

炼处方、健美锻炼处方、保健锻炼处方、康复锻炼处方等。体育锻炼处方由运动目的、运动项目、运动强度、运动时间、运动频度与运动时间带等要素组成。我国通常称体育锻炼处方为运动处方或健身运动处方。

14. 下列关于体育锻炼处方的说法正确的是：

A. 按体育锻炼的不同目的，体育锻炼处方可分为健身锻炼处方、健美锻炼处方、保健锻炼处方、康复锻炼处方等

B. 它是由体育指导者针对体育锻炼参加者身体的医学诊断结果、运动经历和健康状况，依照体育锻炼的目的，为集体体育锻炼参加者制定的

C. 体育锻炼处方是指根据每个准备从事体育锻炼的个体的身心状况而制定的一种定量化的周期性体育锻炼计划

D. 体育锻炼处方由运动目的、运动项目、运动强度、运动时间、运动频度与运动时间带等要素组成

答案：ACD

按体育锻炼的不同目的，体育锻炼处方可分为健身锻炼处方、健美锻炼处方、保健锻炼处方、康复锻炼处方等

15. 按体育锻炼的不同目的，体育锻炼的分类有：

A. 健身锻炼处方　B. 康复锻炼处方　C. 保健锻炼处方　D. 健美锻炼处方

答案：ABCD

体育锻炼处方由运动目的、运动项目、运动强度、运动时间、运动频度与运动时间带等要素组成。

16. 下列属于体育锻炼的要素的有：

A. 运动目的　B. 运动项目　C. 运动时间　D. 运动频率

答案：ABCD

体育锻炼处方的制定一般包括三个环节：医学检查，制定处方，实施处方锻炼。

17. 下列属于体育锻炼处方的制定的环节的有：

A. 医学检查　B. 制定处方　C. 实施处方锻炼　D. 体能测定

答案：ABC

体育锻炼处方临床检查。鉴定能否运动。检查内容为：

（1）血压——安静时收缩压不超过 140 毫米汞柱，舒张压不超过 90 毫米汞柱。

（2）心电图——采用一般诱导法，根据每尼素干塔进行诊断。

（3）尿检——蛋白质和糖呈阴性。

（4）胸部 X 光诊断——有无肺炎、肺结核、胸膜炎等。

（5）血液检查——检查血红蛋白、血细胞比例，谷——草转氨酶（SGOT），谷——丙转氨酶（SGPT），血清乳酸脱氨酶（CDH），胆固醇，尿胆素原，血糖，以确诊是否患有贫血，确定肝功能、心肌、肾和糖代谢等是否异常。

18. 下列不属于体育锻炼处方的临床检查的内容的是：

A. 血压　B. 尿检　C. 血液检查　D. 胸部 X 光诊断

答案：ABCD

制定运动处方的意义：

（1）科学性好：指适用于不同体力水平的人，按本人靶心率坚持 6 周的锻炼（每次 20 分钟以上），即可提高耐力水平，起到事半功倍的效果。

(2) 计划性强：目的明确，计划具体，锻炼得法，可提高兴趣，使锻炼者易于坚持。

(3) 安全可靠性：可以科学地监控运动负荷和评定运动效果，防止因负荷过大出现事故，而负荷小又不起作用。

19. 下列属于制定运动处方的意义的是：

A. 科学性好　　B. 计划性强　　C. 安全可靠性　　D. 立即见效

答案：ABC

运动强度分级与心率：

(1) 极限强度（最大强度）：持续最大速度或最大力量（肌肉快速紧张的工作）在10～30秒的练习，心率在190次/分以上。

(2) 次极限（次最大）强度：肌肉快速紧张的工作能持续30秒到3分钟左右的练习，心率在170～190次/分。

(3) 大强度：肌肉紧张的工作持续5～30分钟的练习，心率在150～170次/分。

(4) 中等强度：持续30分钟以上的周期性练习，心率在130～150次/分。

20. 下列关于运动强度分级与心率的说法不正确的是：

A. 极限强度（最大强度）：持续最大速度或最大力量（肌肉快速紧张的工作）在1分钟左右的练习，心率在190次/分以上

B. 极限（次最大）强度：肌肉快速紧张的工作能持续30秒到3分钟左右的练习，心率在170～190次/分

C. 大强度：肌肉紧张的工作持续5～30分钟的练习，心率在150～170次/分

D. 中等强度：持续30分钟以上的周期性练习，心率在100～150次/分

答案：AD

21. 根据《国家学生体质健康标准》，下列关于体重指数和评分的说法不正确的是：

A. 女生的体重指数为17.9～23.9为正常

B. 等级在低体重和超重的单项得分为70分

C. 男生的体重指数为17.9～23.9为正常

D. 男生的体重指数为28以上的为超重

答案：ABD

22. 根据《国家学生体质健康标准》，下列关于肺活量的说法不正确的是：

A. 大学生的评分标准相同

B. 大一女生肺活量3300ml评级为良好

C. 大一男生肺活量4600ml评级为优秀

D. 大三男生肺活量4800ml评级为优秀

答案：ACD

23. 根据《国家学生体质健康标准》，下列关于50米跑的说法不正确的是：

A. 大学生的评分标准相同　　B. 大一大二男生6.9秒以内为优秀

C. 大二女生7.8秒为优秀　　D. 大三男生7.0秒为及格

答案：ACD

24. 根据《国家学生体质健康标准》，下列关于坐位体前屈的说法不正确的是：

A. 大学生各年级的评分标准相同　　B. 大一女生20cm为优秀

C. 大三男生21.6cm为优秀　　D. 大三女生23cm为优秀

答案：ABD

25. 根据《国家学生体质健康标准》，下列关于立定跳远的说法不正确的是：

A. 大学生各年级的评分标准相同　　B. 大一男生265cm以上为优秀

C. 大二女生 200cm 为良好　　　　　　D. 大三女生 194cm 为优秀

答案：ACD

26. 根据《国家学生体质健康标准》，下列关于耐力跑的说法正确的是：

A. 大学生各年级的评分标准相同

B. 大一男子 1000m 跑 3 分 35 秒为良好

C. 大二女生 800m 跑 3 分 35 秒为优秀

D. 大三女生 800m 跑 3 分 45 秒为良好

答案：ACD

第五章　科 学 健 身

成年人每天约呼吸 1000 升空气，其重量约 13.6 千克。新鲜空气可以振奋精神，消除疲劳，提高学习和工作的效率，也能改善睡眠，提高基础代谢。

1. 成年人每天约呼吸 1000 升空气，其重量约 13.6 千克。新鲜空气可以__________。

A. 振奋精神和消除疲劳　　B. 改善睡眠

C. 提高学习和工作的效率　　D. 提高基础代谢

答案：ABCD

气温超过 35℃时，人就会因为大量出汗使体液减少而导致体内环境的改变，运动能力下降，甚至会出现痉挛、中暑等情况。

2. 气温超过 35℃时，人就会因为大量出汗使体液减少而导致体内环境的改变，________。

A. 运动能力下降　　B. 会出现痉挛情况

C. 会出现中暑情况　　D. 会出现腿部抽筋

答案：ABC

人剧烈运动时，脉搏每分钟增至 150～200 次，心脏输出的血量可增加 5～6 倍，呼吸频率可达每分钟 40～50 次，通气量能增加到 70～120 升。

3. 人剧烈运动时，正确的描述是：

A. 脉搏每分钟增至 150～200 次　　B. 心脏输出的血量可增加 5～6 倍

C. 呼吸频率可达每分钟 40～50 次　　D. 通气量能增加到 70～120 升

答案：ABCD

饥饿时血糖的浓度本身就偏低，此时做剧烈运动更容易出现低血糖，再加上胃酸或冷空气的刺激会引起胃部痉挛，发生饥饿性腹痛。

4. 饥饿时血糖的浓度本身就偏低，此时做剧烈运动更容易出现低血糖，再加上胃酸或冷空气的刺激会引起________。

A. 胃部痉挛　　B. 饥饿性腹痛　　C. 腿部抽筋　　D. 急肠性胃炎

答案：AB

女子在月经期间，受神经-体液调节变化的影响，抗病能力减弱，加上子宫颈口微张开，子宫内膜剥落，阴道酸性分泌物被经血冲淡，易感染而引起疾病。

5. 女子在月经期间，受神经-体液调节变化的影响，__________，易感染而引起疾病。

A. 抗病能力减弱　　B. 子宫颈口微张开

C. 子宫内膜剥落　　D. 阴道酸性分泌物被经血冲淡

答案：ABCD

在长跑过程中，往往有一段时间会胸部发闷，呼吸苦难，脉搏加快，肌肉酸痛，动作协调性被破坏，跑速减慢，甚至想中途停止运动。这种现象在运动生理学上叫做“极点”。

6. 在长跑过程中，往往有一段时间会胸部发闷，__________，跑速减慢，甚至想中途停止运动。这种现象在运动生理学上叫做“极点”。

A. 呼吸苦难　　B. 脉搏加快　　C. 肌肉酸痛　　D. 动作协调性被破坏

答案：ABCD

极点出现后，通过有意识的加深呼吸，减慢跑速，放松身体，坚持下去，极点现象就会逐渐缓解与消失，动作协调有力，工作能力重新提高，这种现象运动生理学上称为“第二次呼吸”。

7. 极点出现后，通过有意识的，____________，坚持下去，极点现象就会逐渐缓解与消失，动作协调有力，工作能力重新提高，这种现象运动生理学上称为“第二次呼吸”。

A. 加深呼吸　B. 减慢跑速　C. 放松身体　D. 心里暗示

答案：ABC

在炎热的夏天长时间进行体育活动，特别是在天气闷热、身体疲劳、缺乏饮水和头部缺乏保护而直接受到烈日的照射等情况下，大量出汗，人体内的水分和盐分丢失过多，这是引起中暑最常见的原因。

8. 在炎热的夏天长时间进行体育活动，特别是在天气闷热、身体疲劳、缺乏饮水和头部缺乏保护而直接受到烈日的照射等情况下，____________，这是引起中暑最常见的原因。

A. 吃饭没有吃饱　B. 心情郁闷

C. 大量出汗　D. 人体内的水分和盐分丢失过多

答案：CD

在体育锻炼中经常发生痉挛的肌肉是小腿腓肠肌，其次是足底耳朵屈拇肌和屈趾肌。这些局部的抽筋，多发于游泳、足球和赛跑运动项目中。

9. 在体育锻炼中经常发生痉挛的肌肉是小腿腓肠肌，其次是足底耳朵屈拇肌和屈趾肌。这些局部的抽筋，多发于________运动项目中。

A. 游泳　B. 足球　C. 赛跑　D. 跳远

答案：ABC

预防肌肉痉挛，最积极有效的办法就是加强锻炼，提高身体对寒冷的适应能力。其次在进行活动前，必须充分做好准备活动，对容易发生痉挛的肌肉，可事先进行按摩，尤其在冬季或游泳前。

10. 预防肌肉痉挛，最积极有效的办法就是加强锻炼，提高身体对寒冷的适应能力。其次在进行活动前，____________，尤其在冬季或游泳前。

A. 必须事先吃饱，有足够的体能　B. 对容易发生痉挛的肌肉，可事先进行按摩

C. 必须充分做好准备活动　D. 部能进行剧烈的活动，保存体力

答案：BC

对在运动中出现的肌肉痉挛，常用的处理方法是，牵引痉挛的肌肉，使其伸长和松弛，即可使之缓解。例如，腓肠肌痉挛，可伸直膝关节，收足背屈。屈拇肌、屈趾肌痉挛，可用力使足和足趾背伸。另外，还可配合局部按摩，促使其加快缓解。

11. 对在运动中出现的肌肉痉挛，常用的处理方法是，牵引痉挛的肌肉，使其伸长和松弛，即可使之缓解。例如，腓肠肌痉挛，____________。屈拇肌、屈趾肌痉挛，可用力使足和足趾背伸。

A. 可伸直膝关节　B. 收足背屈　C. 配合局部按摩　D. 勾起脚尖

答案：ABC

遵循下列原则，运动性昏厥是可以避免的：

(1) 久蹲之后不要突然站立。

(2) 不要带病或在饥饿的情况下参加剧烈运动。

(3) 疾跑后不要突然停下来。

(4) 要注意饮食营养以及保证足够的睡眠时间。

12. 平时在锻炼时，遵循哪些原则，运动性昏厥是可以避免的？

A. 久蹲之后不要突然站立　　B. 不要带病或在饥饿的情况下参加剧烈运动

C. 疾跑后不要突然停下来　　D. 要注意饮食营养以及保证足够的睡眠时间

答案：ABCD

一些学生在体育锻炼时，尤其是在参加一些长时间的运动，如长跑、篮球、足球、游泳等过程中常出现腹痛的现象，这种腹痛称为“运动性腹痛”。

13. 一些学生在体育锻炼时，尤其是在参加一些长时间的运动如________等过程中常出现腹痛的现象，这种腹痛称为“运动性腹痛”。

A. 长跑　　B. 篮球　　C. 足球　　D. 游泳

答案：ABCD

运动性腹痛预防：

(1) 排除疾病。

(2) 运动前做好准备活动。

(3) 注意生理卫生。

(4) 掌握正确的呼吸方法。

14. 运动性腹痛的预防有哪些方法？

A. 排除疾病　　B. 运动前做好准备活动

C. 注意生理卫生　　D. 掌握正确的呼吸方法

答案：ABCD

出现运动性腹痛不必惊慌，可用减慢速度、加深呼吸、放松腹肌，或用手指按压疼痛部位等方法缓解。

15. 出现运动性腹痛不必惊慌，可用______________等方法缓解。

A. 减慢速度　　B. 加深呼吸　　C. 放松腹肌　　D. 用手指按压疼痛部位

答案：ABCD

运动损伤的预防：

(1) 认真做好准备活动。

(2) 加强保护和自我保护。

(3) 加强医务监督。

(4) 加强运动场地、器械设备的安全措施。

16. 运动损伤的预防方法有哪些？

A. 认真做好准备活动　　B. 加强保护和自我保护

C. 加强医务监督　　D. 加强运动场地、器械设备的安全措施

答案：ABCD

第六章 奥林匹克

广义的奥林匹克文化应该包括古代奥林匹克传统、现代奥林匹克运动、奥林匹克主义、奥林匹克理想、奥林匹克精神以及所有的奥林匹克活动如奥林匹克运动会、大众体育、奥林匹克文化活动、奥林匹克教育和奥林匹克商业活动等。

1. 广义的奥林匹克文化应该包括古代奥林匹克传统、现代奥林匹克运动、________等。

A. 奥林匹克主义　　B. 奥林匹克理想

C. 奥林匹克精神　　D. 所有的奥林匹克活动

答案：ABCD

狭义的奥林匹克文化是指与奥林匹克运动有关的文化艺术活动以及各种视觉形象，如奥林匹克标志、旗帜、奖章、招贴画、格言、徽记、会歌、奥运会火炬、奥运会吉祥物、奥运会期间举行的文艺表演、科学报告会和奥林匹克大众传播等。

2. 狭义的奥林匹克文化是指与奥林匹克运动有关的文化艺术活动以及各种视觉形象，如________、旗帜、奖章、徽记、会歌、奥运会吉祥物、奥运会期间举行的文艺表演、科学报告会和奥林匹克大众传播等。

A. 奥林匹克标志　　B. 奥运会火炬

C. 格言　　D. 招贴画

答案：ABCD

奥林匹克运动包括以奥林匹克主义为核心的思想体系，以国际奥委会、国际单项体育联合会和各国奥委会为骨干的组织体系和以奥运会为周期的活动体系。

3. 奥林匹克运动包括以奥林匹克主义为核心的思想体系，以________为骨干的组织体系和以奥运会为周期的活动体系。

A. 国际奥委会　　B. 国际单项体育联合会

C. 各国奥委会　　D. 国际组委会

答案：ABC

第七章　休闲体育

休闲体育是指人们在工作、学习之余进行的积极主动的、轻松愉快的、毫无心理负担的一些健身娱乐活动。人们通过挖掘体育蕴藏的各种身体活动形式，在欢悦和谐的氛围中，达到日积月累地实现增强体质、促进健康、恢复体力、抵御疾病、调节心理、陶冶情操、激发生活欲望、培养高尚道德品质、改善人际关系、满足精神追求以及享受高质量人生乐趣等目的。它正在成为人们生活中不可缺少的重要内容。

1. 下列关于休闲体育的说法，不正确的是：

A. 休闲体育是指人们在工作、学习之余进行的积极主动的、轻松愉快的、毫无心理负担的一些健身娱乐活动

B. 休闲体育导致了精神紧张、体力活动不足以及营养过剩等，造成精神压抑、肥胖、心血管疾病、糖尿病等“现代病”的流行

C. 人们通过挖掘体育蕴藏的各种身体活动形式，在欢悦和谐的氛围中，达到日积月累地实现增强体质、促进健康、恢复体力

D. 休闲体育正在成为人们生活中不可缺少的重要内容

答案：ACD

休闲体育的功能：

(1) 娱乐功能。

(2) 健身功能。

(3) 交友功能。

(4) 经济功能。

2. 下列属于休闲体育的功能的有：

A. 娱乐功能　　B. 健身功能　　C. 交友功能　　D. 经济功能

答案：ABCD

休闲体育的特点：

(1) 自由度大，随意性强。

(2) 有氧运动为主。

(3) 休闲体育的价值。

3. 下列属于休闲体育的特点的是：

A. 自由度大，随意性强　B. 有氧运动为主　C. 休闲体育的价值　D. 无氧运动为主

答案：ABC

休闲体育的安排：

(1) 考虑时间与内容选择。

(2) 考虑休闲体育的节奏。

(3) 选择休闲体育的内容。

(4) 养成良好的生活习惯。

4. 安排休闲体育应注意什么：

A. 考虑时间与内容选择　　B. 考虑休闲体育的节奏

C. 选择休闲体育的内容　　D. 养成良好的生活习惯

答案：ABCD

第八章 体育鉴赏

身体美包括以下内容：

（1）体型美。

（2）骨骼美。

（3）肌肉美。

（4）皮肤美。

（5）毛发美。

（6）形体美。

1. 下列属于身体美的内容的是：

A. 体型美　B. 骨骼美　C. 肌肉美　D. 人体美

答案：ABC

体育最显要的功能之一就是塑造身体美，人们也往往把身体美作为检验体育效果的重要指标。身体美是指有层次的活动的整体，人体美主要指人体表面的轮廓；身体美是动态的人体美，人体美是静态的身体美；身体美是人体美的源流，人体美则是身体美的升华。

2. 下列关于身体美和人体美的说法正确的是

A. 身体美是指有层次的活动的整体，人体美主要指人体表面的轮廓

B. 人们往往把身体美作为检验体育效果的重要指标

C. 人体美是动态的身体美，身体美是静态的人体美

D. 身体美是人体美的源流，人体美则是身体美的升华

答案：ABD

身体美的量化标准：

（1）头身比例。

（2）黄金分割。

（3）体围。

3. 下列属于身体美的量化标准：

A. 头身比例　B. 黄金分割　C. 体围　D. 肌肉

答案：ABC

运动中的要素美有以下几个方面：

（1）力量美。

（2）速度美。

（3）柔韧美。

（4）协调美。

（5）灵敏美。

（6）平衡美。

（7）造型美。

4. 下列属于运动中的要素美的是：

A. 力量美　B. 平衡美　C. 协调美　D. 体型美

答案：ABC

从内容方面进行体育鉴赏：

(1) 优雅的人体造型。

(2) 精湛的技艺。

(3) 富有韵律的节奏。

(4) 崇高美。

5. 下列是从内容方面进行体育鉴赏的是：

A. 精湛的技艺　　B. 富有韵律的节奏

C. 崇高美　　D. 开幕式

答案：ABC

鉴赏时把体育运动分为：

(1) 争先性项目。

(2) 游戏性项目。

(3) 表现性项目。

(4) 探险性项目。

(5) 智巧性项目。

6. 体育艺术的表现形式多样，鉴赏时应分门别类，下列属于体育运动分类的是：

A. 争先性项目　　B. 游戏性项目　　C. 表现性项目　　D. 刺激性项目

答案：ABC

第九章　田 径 运 动

田径运动作为竞技项目可以追溯到古希腊时代，赛跑、铁饼、标枪就曾是古希腊奥林匹亚祭典的主要内容。

1. 田径运动作为竞技项目可以追溯到古希腊时代，________就曾是古希腊奥林匹亚祭典的主要内容。

A. 赛跑　　B. 铁饼　　C. 标枪　　D. 竞跑

答案：ABC

田径项目具有和日常生活的紧密联系性、运动技能简单易行、实用性、基础性等特点，由于以上特性，才使田径这一古老简单的形式延续至今。

2. 田径项目具有________等特点，由于以上特性，才使田径这一古老简单的形式延续至今。

A. 和日常生活的紧密联系性　　B. 实用性

C. 运动技能简单易行　　D. 基础性

答案；ABCD

跑步的作用：跑步可以使人健美，跑步使人聪明，跑步赠你健康与快乐，跑步是强心的有效手段。

3. 下列属于跑步的作用是？

A. 跑步可以使人健美　　B. 跑步使人聪明

C. 跑步赠你健康与快乐　　D. 跑步是强心的有效手段

答案：ABCD

第十章　球类运动

篮球不仅是青少年所喜爱的运动项目，而且也适合男、女、老幼各年龄段进行锻炼和活动，具有强烈的竞争性和观赏性，并有浓厚的趣味性和娱乐性，目前是世界上参加人数较多的运动项目之一。

1. 篮球不仅是青少年所喜爱的运动项目，而且也适合男、女、老幼各年龄段进行锻炼和活动，具有____________，目前是世界上参加人数较多的运动项目之一。

A. 竞争性　　B. 观赏性　　C. 趣味性　　D. 娱乐性

答案：ABCD

防守快攻的方法有：

(1) 减少进攻中的失误。

(2) 积极掷抢前场篮板球。

(3) 堵截快攻第一传和破坏对方的接应。

(4) 控制对方快攻的推进速度。

(5) 防守对方的快下队员。

(6) 提高个人防守能力，利用防守假动作，增强以少防多的战术训练。

2. 防守快攻的方法有：

A. 减少进攻中的失误　　B. 积极掷抢前场篮板球

C. 控制对方快攻的推进速度　　D. 防守对方的快下队员

答案：ABCD

以娱乐或游戏方式，参与人数有特殊规定，主要以健身为目的，在国际上还没有统一竞赛规则的运动形式统称为娱乐排球，如软式排球、气排球、草地排球、墙排球等。

3. 以娱乐或游戏方式，参与人数有特殊规定，主要以健身为目的，在国际上还没有统一竞赛规则的运动形式统称为娱乐排球，如软式排球、气排球、草地排球、墙排球等。

A. 软式排球　　B. 气排球　　C. 草地排球　　D. 墙排球

答案：ABCD

犯规

(1) 连击：比赛过程中，一名队员连续击球两次或球连续触及其身体的不同部位，为连击犯规。

(2) 持球：比赛过程中，队员没有将球击出，造成接住或抛出为持球犯规。

(3) 触网：比赛过程中，身体触及球网，为触网犯规。

(4) 越过中线：比赛过程中，一方队员整脚或身体任何部分越过中线触及对方场区，为过中线犯规。

(5) 位置错误：当发球队员击球时，如果队员不在其正确位置上，则构成位置错误犯规。

(6) 拦发球：对方发球时禁止拦网。

4. 下列选项中属于排球犯规的有？

A. 连击犯规　　B. 持球犯规　　C. 越过中线　　D. 位置错误

答案：ABCD

软式排球的球有充气式和免充气式两种。软式排球的突出特点是球柔软质量轻，飞行速度慢，使接球的难度减小，来回球次数较多，从而增加了趣味性。

5. 软式排球的球有充气式和免充气式两种。软式排球的突出特点是________，使接球的难度减小，来回球次数较多，从而增加了趣味性。

A. 球柔软质量轻　B. 飞行速度慢　C. 激烈的对抗性　D. 技术的全面性

答案：AB

乒乓球集健身性、娱乐性、竞技性、调节性等为一体，深受广大群众喜爱，在我国被誉为“国球”。

6. 乒乓球集________等为一体，深受广大群众喜爱，在我国被誉为“国球”。

A. 健身性　B. 娱乐性　C. 竞技性　D. 调节性

答案：ABCD

乒乓球世界锦标赛比赛项目有男（女）子团体、男（女）子单打、男（女）子双打、混合双打。所有冠军奖杯都是流动的，获胜者只在奖杯上刻上国名或运动员人名，将奖杯保留到下届世乒赛前，在新一届比赛开始前交出。

7. 下列属于乒乓球世界锦标赛比赛项目有：

A. 男（女）子团体　B. 男（女）子单打

C. 男（女）子双打　D. 混合双打

答案：ABCD

羽毛球发球方法从握拍方法和发球姿势上，分为正手发球和反手发球；从球的飞行角度和距离上，分为高远球、平高球、平快球和网前球。

8. 羽毛球发球方法从握拍方法和发球姿势上，分为正手发球和反手发球；从球的飞行角度和距离上，分为________。

A. 高远球　B. 平高球　C. 平快球　D. 网前球

答案：ABCD

下列情况为羽毛球死球：球撞网并挂在网上，或停在网顶；球撞网或网柱后开始在击球者这一方落向地面；球触及地面。

9. 下列情况在羽毛球中属于死球的有：

A. 球撞网并挂在网上，或停在网顶　B. 球触及地面

C. 球撞网或网柱后开始在击球者这一方落向地面　D. 球飞出场外

答案：ABC

羽毛球高压球可分为：凌空高压球、落地高压球、前场高压球、后场高压球等几种。

10. 羽毛球高压球可分为哪几类？

A. 凌空高压球　B. 落地高压球　C. 前场高压球　D. 后场高压球

答案：ABCD

第十一章 武 术

武术，是以踢、打、摔、拿、击、刺等技击动作为素材，遵照攻守进退、动静疾徐、刚柔虚实等规律组成套路，或在一定条件下遵照一定的规则，两人斗智较力，形成搏斗，以此来增强体质、培养意志、训练格斗技能的体育运动。

1. 武术是______________的体育运动。

A. 增强体质　　B. 培养意志　　C. 训练格斗技能　　D. 恃强凌弱

答案：ABC

武术的内容丰富多彩，按其运动形式可分为两大类：套路运动，搏斗运动。

2. 武术的内容丰富多彩，按其运动形式可分为：

A. 套路运动　　B. 搏斗运动　　C. 集体表演　　D. 散打

答案：AB

套路运动是以攻守进退、动静疾徐、刚柔虚实等矛盾运动的变化规律编成的整套练习形式，主要内容包括拳术、器械、对练、集体表演。

3. 下列属于武术套路运动的有：

A. 拳术　　B. 器械　　C. 集体表演　　D. 推手

答案：ABC

武术的特点：

(1) 寓技击于技术之中。

(2) 内外合一、形神兼备的民族风格。

(3) 广泛的适应性。

4. 下列是武术特点的是：

A. 寓技击于技术之中　　B. 内外合一、形神兼备的民族风格

C. 广泛的适应性　　D. 除恶扬善，劫富济贫

答案：ABC

武术的作用：

(1) 改善和增强体质。

(2) 提高防身自卫的能力。

(3) 磨炼意志，培养道德情操。

(4) 娱乐观赏，丰富文化生活。

5. 下列不属于武术的作用的是：

A. 改善和增强体质　　B. 提高防身自卫的能力

C. 磨炼意志，培养道德情操　　D. 娱乐观赏，丰富文化生活

答案：ABCD

肩臂练习主要是增进肩关节韧带的柔韧性，加大肩关节的活动范围，发展臂部力量，提高上肢运动的敏捷、松长、转环等能力，为学习和掌握各种拳、掌等手法提供必要的专项素质。主要练习方法有压肩、绕环、抡臂等。

(1) 压肩。

(2) 单臂绕环。

（3）双臂绕环：①前后绕环；②左右绕环；③交叉绕环；④仆步抡拍。

6. 下列是肩臂练习的主要练习方法有：

A. 压肩　　B. 绕环　　C. 亮掌　　D. 抡臂

答案：ABD

腿部练习主要发展腿部的柔韧性、灵活性和力量等素质。练习方法有压腿、搬腿、劈腿和踢腿等。

7. 下列是腿部练习方法的有：

A. 压腿　　B. 搬腿　　C. 劈腿　　D. 踢腿

答案：ABCD

踢腿的方法有直摆性腿法和屈伸性腿法。

（1）直摆性腿法：①正踢腿；②斜踢腿；③侧踢腿；④外摆腿；⑤里合腿。

（2）屈伸性腿法：①弹腿；②蹬腿；③侧踹腿。

8. 下列属于直摆性踢腿的有：

A. 正踢腿　　B. 蹬腿　　C. 外摆腿　　D. 里合腿

答案：ACD

手形手法练习是运用拳、掌、勾三种手形，结合上肢冲、架、推、亮等运动方法，操练上肢手法的基本动作。

（1）手形：①拳；②掌；③勾。

（2）手法：①冲拳；②架拳；③推掌；④亮掌。

9. 下列动作属于武术手法练习的有：

A. 冲拳　　B. 亮掌　　C. 勾　　D. 推掌

答案：ABD

步型和步法练习主要是增进腿部的速度和力量，以提高两腿移动转换的灵活性和稳固性。

（1）步型

① 弓步：弓右腿为右弓步，弓左腿为左弓步。

② 马步：马步不分左右。

③ 虚步：左脚在前为左虚步，右脚在前为右虚步。

④ 仆步：仆左腿为左仆步，仆右腿为右仆步。

⑤ 歇步：左脚在前为左歇步，右脚在前为右歇步。

⑥ 坐盘：左腿在前为左坐盘，右腿在前为右坐盘。

⑦ 丁步：左脚尖点地为左丁步，右脚尖点地为右丁步。

（2）步法

①击步；②垫步。

10. 下列属于步型练习的有：

A. 弓步　　B. 马步　　C. 歇步　　D. 垫步

答案：ABC

五种步型的组合练习（简称“五步拳”）动作：拗弓步冲拳、弹踢冲拳、马步架打、歇步盖打、提膝仆步穿掌、虚步挑掌。

11. 下列动作属于五步拳的有：

A. 拗弓步冲拳　　B. 弹踢冲拳　　C. 马步架打　　D. 弓步撩掌

答案：ABC

压腿的主要作用是拉长腿部的肌肉和韧带，加大髋关节的活动范围。压腿的方法有正压、侧压和后压三种。

(1) 正压腿。

(2) 侧压腿。

(3) 后压腿。

(4) 仆步压腿。

12. 下列属于压腿的方法有：

A. 正压腿　　B. 侧压腿　　C. 后搬腿　　D. 仆步压腿

答案：ABD

搬腿主要是增进腿部的柔韧性，加大髋关节的活动幅度，提高腿部上举力量。搬腿的方法有正搬、侧搬、后搬三种。

13. 下列属于搬腿的方法的有：

A. 正搬腿　　B. 侧搬腿　　C. 后搬腿　　D. 仆步搬腿

答案：ABC

第十二章　游　　泳

游泳运动包括游泳、跳水、水球和花样游泳 4 个项目，由于它们的技术和特点不同，已形成为独立的 4 个竞赛项目。符合竞赛规则的要求，以速度来决定名次的游泳称为竞技游泳。竞技游泳包括四种姿势：蛙泳、自由泳、仰泳、蝶泳。具有实用价值的游泳称为实用游泳，如踩水、潜泳、侧泳等。以增强体质、丰富人们文化生活为目的的游泳称为大众游泳，如体疗游泳、娱乐游泳等。

1. 下列属于游泳运动的项目的是：

A. 跳水　　B. 水球　　C. 游泳　　D. 花样游泳

答案：ABCD

游泳运动包括游泳、跳水、水球和花样游泳 4 个项目，由于它们的技术和特点不同，已形成为独立的 4 个竞赛项目。符合竞赛规则的要求，以速度来决定名次的游泳称为竞技游泳。竞技游泳包括四种姿势：蛙泳、自由泳、仰泳、蝶泳。具有实用价值的游泳称为实用游泳，如踩水、潜泳、侧泳等。以增强体质、丰富人们文化生活为目的的游泳称为大众游泳，如体疗游泳、娱乐游泳等。

2. 下列属于竞技游泳的姿势有：

A. 蛙泳　　B. 狗刨　　C. 仰泳　　D. 蝶泳

答案：ACD

游泳运动包括游泳、跳水、水球和花样游泳 4 个项目，由于它们的技术和特点不同，已形成为独立的 4 个竞赛项目。符合竞赛规则的要求，以速度来决定名次的游泳称为竞技游泳。竞技游泳包括四种姿势：蛙泳、自由泳、仰泳、蝶泳。具有实用价值的游泳称为实用游泳，如踩水、潜泳、侧泳等。以增强体质、丰富人们文化生活为目的的游泳称为大众游泳，如体疗游泳、娱乐游泳等。

3. 下列是实用游泳的项目的有：

A. 踩水　　B. 潜泳　　C. 侧泳　　D. 仰泳

答案：ABC

游泳运动包括游泳、跳水、水球和花样游泳 4 个项目，由于它们的技术和特点不同，已形成为独立的 4 个竞赛项目。符合竞赛规则的要求，以速度来决定名次的游泳称为竞技游泳。竞技游泳包括四种姿势：蛙泳、自由泳、仰泳、蝶泳。具有实用价值的游泳称为实用游泳，如踩水、潜泳、侧泳等。以增强体质、丰富人们文化生活为目的的游泳称为大众游泳，如体疗游泳、娱乐游泳等。

4. 下列属于大众游泳的是：

A. 体疗游泳　　B. 娱乐游泳　　C. 蝶泳　　D. 潜泳

答案：AB

熟悉水性练习时，应选择在齐腰深的水中进行，重点练习呼吸和漂浮这两个动作。熟悉水性练习可按下面的步骤和方法进行。

(1) 水中行走练习。

(2) 水中闭气与呼吸练习。

(3) 水中漂浮与站立练习。

（4）滑行练习。

5. 下列属于熟悉水性练习的是：

A. 水中闭气与呼吸练习　　B. 水中漂浮与站立练习

C. 滑行练习　　D. 划水练习

答案：ABC

腿部动作是蛙泳推进力的主要来源之一。腿的动作可分为四部分，即收腿、翻脚、蹬夹水和滑行，应连贯地进行。

6. 下列属于蛙泳的腿部动作的有：

A. 收腿　　B. 翻脚　　C. 滑行　　D. 划水

答案：ABC

随着蛙泳技术的改进和发展，现代蛙泳技术更加强调划水的重要作用。蛙泳手臂动作，由抓水、划水、收手和向前伸臂四个连贯动作所组成。蛙泳的划水路线从水下看像一个“倒心形”。

7. 下面是蛙泳的手部动作的是：

A. 抓水　　B. 划水　　C. 收手　　D. 滑行

答案：ABC

遇到有人溺水时应尽快报警并大声呼救，争取多人集体救助。救助者应在保证自身安全的前提下尽快采取救助措施实施救助。

（1）救助者可利用竹竿、救生圈、救生板、绳索等进行救助。

（2）在没有救助器材或救助器材无法有效救助溺水者时，应采用下水对溺水者抢救的方法。下水救助时时应根据溺水者距岸边的距离、水情、溺水者神态，及时采取接近、拖运措施胸外心脏按压，两手叠放，十指相扣下压。下压要用力均匀。按压速度每分钟60～80次为了争取时间，岸上急救应抓住主要环节进行处理，可以同时用几个方法进行抢救。

8. 下列关于溺水救治的说法正确的是：

A. 遇到有人溺水时应尽快报警并大声呼救，争取多人集体救助。救助者应在保证自身安全的前提下尽快采取救助措施实施救助

B. 救助者可利用竹竿、救生圈、救生板、绳索等进行救助

C. 在没有救助器材或救助器材无法有效救助溺水者时，不必下水对溺水者进行抢救

D. 下水救助时应根据溺水者距岸边的距离、水情、溺水者的神态，及时采取接近、拖运措施

答案：ABD

将溺水者救上岸后，要尽快进行急救处理。轻度溺水者，先清除口中杂草和呕吐等脏物，使呼吸畅通，接着对溺水者进行排水。对已经昏迷、呼吸很弱或刚停止呼吸的溺水者，应立即进行人工呼吸。做人工呼吸时，首先要清除溺水者口中的污物，保持气道通畅。然后用拇指和食指按住其鼻子，吸足气，口对口慢慢持续吹气，同时放开捏着的鼻，每分钟约做30次左右。

9. 下列关于溺水救治的做法正确的是：

A. 轻度溺水者，先清除口中杂草和呕吐等脏物，使呼吸畅通，接着对溺水者进行排水

B. 对已经昏迷、呼吸很弱或刚停止呼吸的溺水者，应立即进行人工呼吸

C. 做人工呼吸时，首先要清除溺水者口中的污物，保持气道通畅

D. 用拇指和食指按住其鼻子，吸足气，口对口慢慢持续吹气，同时放开捏着的鼻，每分

钟约做 60 次左右

答案：ABC

练习游泳有时会发生肌肉痉挛、呛水，因此我们应该了解和掌握一些处置知识，进行自我保护，防止发生意外。

(1) 手指痉挛。将手指握成拳头，然后再用力张开，这样迅速交替做几次，直到解脱

(2) 手掌痉挛。用手掌将痉挛的手掌用力向下压，直到抽筋现象消除为止

(3) 上臂痉挛。握拳并尽量屈肘，然后用力伸直，反复进行

(4) 小腿或脚趾痉挛。先深吸一口气，仰浮在水中，用抽筋肢体对侧的手握住抽筋痉挛的腿的脚趾，并用力向身体方向拉，同时用另一手掌压在抽筋膝盖上，帮助小腿伸直，使痉挛现象消除

10. 下列关于痉挛的处置方法正确的是：

A. 手指痉挛，将手指握成拳头，然后再用力张开，这样迅速交替做几次，直到解脱

B. 上臂痉挛，握拳并尽量屈肘，然后用力伸直，反复进行

C. 手掌痉挛，用手掌将痉挛的手掌用力向身体压，直到抽筋现象消除为止

D. 脚趾痉挛，先深吸一口气，仰浮在水中，用抽筋肢体对侧的手握住抽筋痉挛的腿的脚趾，并用力向身体方向拉，同时用另一手掌压在抽筋膝盖上，帮助小腿伸直，使痉挛现象消除

答案：ABD

第十三章　健美操与健美

体操是通过徒手、持轻器械或在器械上完成不同类型与难度的单个动作、组合动作或成套动作，充分挖掘人的潜能，表现人的控制能力，并具有一定的艺术要求的体育项目。

目前体操主要包括以下内容：队列队形练习、徒手体操、轻器械体操、技巧运动、器械体操、跳跃、实用类体操、自由体操。

根据体操的目的与任务，可以将体操分为基本体操、竞技性体操和表演性体操三大类。

基本体操：以增强体质、促进身体全面发展、培养人体基本活动能力及提高基本运动技能为目的的体操练习都属于基本体操的范畴。基本体操包括队列队形、徒手体操、轻器械体操、器械体操的简易练习、专门器械体操和生活技能体操等。

竞技性体操：指所有以争取竞赛胜利为目的的体操项目，包括竞技体操、健美操、蹦床、艺术体操和技巧等。

表演性体操：包括团体体操和舞台体操。

1. 根据体操动作的繁简，体操动作可分为下列哪几种？

A. 单个动作　　B. 组合动作　　C. 混合动作　　D. 成套动作

答案：ABD

2. 根据体操的目的与任务，体操可以分为下列哪几大类？

A. 竞技性体操　　B. 艺术体操　　C. 表演体操　　D. 基本体操

答案：ACD

3. 下列哪些属于体操的作用？

A. 充分挖掘人的潜能　　B. 调节心理活动，陶冶美好情操

C. 表现人的控制能力　　D. 提高神经系统机能

答案：AC

4. 下列哪些属于基本体操的目的？

A. 培养人体基本活动能力　　B. 提高基本运动技能

C. 促进身体全面发展　　D. 增强体质

答案：ABCD

艺术体操是在音乐伴奏下进行的徒手或手持轻器械，以自然性动作为基础体现较强的韵律性和节奏感的体育运动项目。所以，艺术体操是女子体育教育的重要组成部分，也是进行美育教育的一种有效手段。

5. 下列哪些是艺术体操的特点？

A. 观赏性　　B. 韵律性　　C. 节奏感　　D. 优美感

答案：BC

艺术体操与其他体操项目相比，动作内容更符合女子的生理和心理特点，是以具有优美性和艺术性为其主要特征的。艺术体操具有以下三个特点：

(1) 艺术体操是以节奏为中心，以自然性动作为基础的有节奏运动。

(2) 艺术体操必须合理地运用轻器械。

(3) 艺术体操必须有音乐伴奏。

音乐伴奏是艺术体操的灵魂、动作优美是艺术体操的表现风格、节奏和韵律是艺术体操的基本运动形式、器械运动是艺术体操的主要练习形式。

根据不同的目的、任务，可把艺术体操分为一般性艺术体操和竞技性艺术体操两大类。

6. 下列说法中哪些是正确的?

A. 艺术体操是以节奏为中心，以自然性动作为基础的有节奏运动

B. 艺术体操是一种表演性体操

C. 艺术体操必须合理地运用轻器械

D. 艺术体操必须有音乐伴奏

答案：ACD

7. 下列选项中哪些属于艺术体操的分类?

A. 一般性艺术体操　B. 竞技性艺术体操　C. 表演性艺术体操　D. 团体性艺术体操

答案：AB

健美操是体育与艺术相结合产物。突出体现在以下几方面：

(1) 具有较强的艺术性和健美性。

(2) 内容丰富，动作的整体性强。

(3) 持续运动，对心血管机能有突出作用。

(4) 具有较强的针对性和广泛的适应性。

(5) 健美操是人体有节奏的运动。

(6) 健美操具有塑身减肥的作用。

(7) 缓解精神压力，娱乐身心。

8. 下列哪些是健美操的特点?

A. 具有较强的艺术性和健美性　B. 持续运动，对心血管机能有突出作用

C. 具有塑身减肥的作用　D. 缓解精神压力，娱乐身心

答案：ABCD

从目前健美操运动的发展来看，健美操已经形成了两大分支三个体系，两大分支是指大众健美操和竞技健美操，三大体系是指健美操的教学体系、训练体系和指导体系。

9. 下列选项中哪些属于健美操的分支?

A. 大众健美操　B. 表演健美操　C. 团体健美操　D. 竞技健美操

答案：AD

根据当今健美操的发展状况和未来的发展趋势，按照不同的目的和任务，健美操可分为健身性健美操、表演性健美操和竞技性健美操三大类。

健身性健美操是按照有氧练习的要求而进行，其练习的主要目的是“锻炼身体，保持健康”，其中包括徒手健美操、轻器械健美操、特殊场地健美操等。健身健美操动作简单，实效性强，动作以对称形式重复出现，节奏较慢，严格遵循“健康，安全”原则，在保证安全的基础上，保证运动量的适宜刺激达到锻炼身体的目的。

健美操的基本技术包括弹动技术、落地缓冲技术和身体控制技术。所有这些技术是为了保证练习的安全性。

健美操的基本步伐是组成健美操的基础，所有的基本动作可按冲击力分为三种：无冲击力动作、低冲击力动作和高冲击力动作，许多低冲击力动作同时也可做成高冲击力动作。而根据动作完成形式的不同，我们又将基本步伐分类五类：交替类；迈步类；点地类；抬腿类；双腿类。

10. 按照不同的目的和任务，健美操可分为下列哪几类?

A. 健身性健美操　B. 艺术性健美操　C. 表演性健美操　D. 竞技性健美操

答案：ACD

第十四章　极限运动

极限运动以它极具娱乐性、刺激性、挑战性，崇尚自然以及大众化等特点，迅猛发展成为21世纪的"新人类运动"。

1. 下列哪些是极限运动的特点？

A. 新奇性　B. 娱乐性　C. 刺激性　D. 挑战性

答案：BCD

野生生存装备的选择：背包、睡袋和帐篷、鞋子、药品、照明用品等。

野外生存意外事故：毒蛇、昆虫咬伤、外伤出血、骨折或脱臼、食物中毒。

2. 在野外生存过程中，下列哪些是常见的意外事故？

A. 毒蛇、昆虫咬伤　B. 外伤出血　C. 骨折或脱臼　D. 食物中毒

答案：ABCD

漂流过程要用的服装：防水上衣、水上运动头盔、漂流手套、收口包、漂流靴。

漂流注意事项：漂流时不要做危险动作、漂流船通过险滩时要听从船工的指挥、漂流过程中注意沿途的箭头及标识。

3. 下列哪些是漂流过程中要用到的服饰？

A. 防水上衣　B. 漂流手套　C. 水上运动头盔　D. 漂流靴

答案：ABCD

三点固定法：即在双手、双脚握（或蹬）牢3个支点的条件下才能移动第4点。

攀岩运动的特点：

(1) 在不同高度和角度的岩壁上完成腾挪、转体、窜跳、引体等惊险的技术动作。

(2) 集竞技、娱乐、休闲为一体的勇敢者运动。

(3) 对培养人的顽强意志、体力和思维能力有着积极的作用。

结绳技术是运用打结使绳索之间、绳索与其他装备之间互相连接的方法。它包括：固定绳结、接绳绳结、保护绳结和操作绳结四种。

4. 下列哪些是攀岩运动的特点。

A. 在不同高度和角度的岩壁上完成腾挪、转体、窜跳、引体等惊险的技术动作

B. 集竞技、娱乐、休闲为一体的勇敢者运动

C. 是一种具娱乐性、刺激性、挑战性于一体的娱乐运动

D. 对培养人的顽强意志、体力和思维能力有着积极的作用

答案：ABD

登山前的准备：登山路线的确定、登山前的计划与准备。

登山前的计划与准备，包括身体准备、心理准备、拟定时间和团队计划等。

5. 下列哪些属于极限运动？

A. 登山　B. 投掷　C. 滑板　D. 攀岩

答案：ACD

传统三项划水运动：花样滑水、回旋滑水、跳跃滑水。

6. 下列哪些属于传统三项划水运动？

A. 跪板划水　B. 花样滑水　C. 回旋滑水　D. 跳跃滑水

答案：BCD

第三部分

判　断

第一章 大学体育

体育教育是指通过身体活动，增强体质和健康，传授锻炼身体的知识和方法，培养道德和意志品质的有目的、有计划、有组织的教育过程。

1. 体育是教育的组成部分，是培养人全面发展的一个方面。（ ）

答案：√

体育运动是以身体练习为基本手段，以全面发展身体、增进健康、增强体质、提高运动技术水平、丰富社会生活为目的的一种社会活动，也是一种社会现象。

2. 体育运动是广义体育的一个组成部分。（ ）

答案：×

竞技运动的特点有：竞争性、技艺性、公认性、国际性。

3. 竞技体育有竞争性、技艺性、公平性、国际性、公认性的特点。（ ）

答案：×

体育锻炼是指运用各种身体练习，结合自然力和卫生因素，以健身、防病治病、娱乐为目的的身体活动。

4. 体育锻炼是一种身体娱乐，是为了休闲、娱乐发展兴趣爱好而进行的身体活动。（ ）

答案：×

广义体育由三部分组成：体育教育、竞技运动、身体锻炼和身体娱乐。

5. 广义体育是由体育运动、体育教育、竞技运动、身体锻炼和身体娱乐几部分组成的。（ ）

答案：×

体育教育是指通过身体活动，增强体质和健康，传授锻炼身体的知识和方法，培养道德和意志品质的有目的、有计划、有组织的教育过程。

6. 体育教育是一种有目的、有组织、有计划的教育过程。（ ）

答案：√

广义体育由三部分组成：体育教育、竞技运动、身体锻炼和身体娱乐。

竞技运动是指在最大限度地挖掘和发挥个人或集体在体能、心理、智力等方面潜力的基础上，达到提高竞技能力水平，以创造优异运动成绩为目的的训练和竞赛。

7. 竞技运动在今天已经有了活动本身以外的价值意义，不再是消遣，而成了参加者日常生活中承受艰苦和压力的中心，给他们带来了高度的紧张。（ ）

答案：√

身体锻炼和身体娱乐的特点有：群众性、灵活性、多样性、自愿性、娱乐性。

身体锻炼和身体娱乐的目的是增进健康、休闲娱乐。

身体锻炼和身体娱乐的主要形式和方法是自我锻炼和自我娱乐。

8. 身体锻炼身体娱乐讲求自我教育和自我锻炼的效果，以课外体育活动为主要形式。（ ）

答案：×

社会需要是体育产生和发展的基础。

生存需要是体育产生的动因。

人类需要层次的提高推动体育的发展。

9. 社会需要是由生存需要、人类需要层次的提高、物质需求几部分组成，是体育产生和发展的基础。（　　）

答案：×

身体锻炼和身体娱乐的特点有：群众性、灵活性、多样性、自愿性、娱乐性。

身体锻炼和身体娱乐的目的是增进健康、休闲娱乐。

身体锻炼和身体娱乐的主要形式和方法是自我锻炼和自我娱乐。

10. 身体锻炼身体娱乐以增进健康，增强体质为主要目的，具有高度的自愿性、娱乐性、灵活性。（　　）

答案：×

竞技运动是指在最大限度地挖掘和发挥个人或集体在体能、心理、智力等方面潜力的基础上，达到提高竞技能力水平，以创造优异运动成绩为目的的训练和竞赛。

竞技运动的特点有：竞争性、技艺性、公认性、国际性。

竞技运动的主要形式和方法是运动训练和运动竞赛。

11. 竞技运动是以创造优异成绩为主要目的，以运动训练、运动竞赛为主要形式的一种体育的组成部分。（　　）

答案：√

体育锻炼时增强人类体质的有效手段。

体育锻炼是以健身、防病治病、娱乐为目的的身体活动。

体育锻炼的主要形式是自我锻炼。

12. 体育锻炼是教育的组成部分，是培养人全面发展的一个方面。（　　）

答案：×

体育锻炼时增强人类体质的有效手段。

体育运动能促进人的心理健康、提高人的智力水平、预防和治疗某些疾病。

13. 体育运动可以提高人的智力水平，改善人的心理品质。（　　）

答案：√

体育作为社会文化对人社会化的影响：

体育是传授生活技术、技能的重要手段

体育潜移默化地教导人们遵守社会规范

体育群体中角色的担任有利于适应不同的社会角色

14. 体育有利于增强身心健康，能活跃社会文化生活，是人类生活中的重要组成部分。（　　）

答案：√

体育对人类社会发展的作用：促进人类的健康、促进人的社会化、促进社会经济的发展。

增强体质增进健康的作用是体育根本性质的体现。

体育对人类健康的作用主要体现在身体和心理两个方面。

15. 体育对人类健康的作用能体现在身体、心理、素质、品质等各个方面。（　　）

答案：×

体育是素质教育的重要内容，又是素质教育的手段。

素质教育的重要内容和目的是提高人才素质。

素质教育是当今社会的主流教育方式，身体、心理是素质教育重要的组成部分，体育是素质教育的主要内容。

16. 素质教育是当今社会的主流教育方式，身体、心理是素质教育重要的组成部分，体育是素质教育的主要内容。（　　）

答案：√

素质包括：思想道德素质、劳动技能素质、身体心理素质。

素质教育的核心是培养学生的创新能力和实践能力。

17. 素质教育的重要内容和目的是培养学生的创新能力和实践能力。（　　）

答案：×

大学体育学习应具备的理念：树立健康第一思想、符合素质教育要求、奠定终身体育基础。

18. 学校体育教育工作的工作重心是健康至上，全面提高身心健康水平。（　　）

答案：√

体育对社会经济发展的促进：体育是提高劳动者身体素质的重要手段、体育产业已是国民经济重要的组成部分、体育消费的兴起带动经济的增长。

19. 体育能带动经济发展，经济发展反过来能带动体育进步，因此两者是相互联系、相互促进的。（　　）

答案：√

大学体育学习过程中需要达到的目标：运动参与目标、运动技能目标、身体健康目标、心理健康目标、社会适应目标。

20. 课余体育是学校体育的重要组成部分，是实现体育目标的最重要途径。（　　）

答案：×

大学体育学习的目标：掌握体育和健康的基本知识，提高体育活动的能力；养成坚持锻炼身体的习惯，形成健康的行为生活方式；培养自身的道德修养、合作精神和坚强毅力。

运动技能目标：熟练掌握两项以上健身运动的基本方法和技能、能科学地进行体育锻炼，提高自己的运动能、掌握常见运动创伤的处置方法。

社会适应目标：表现出良好的体育道德和合作精神；正确处理竞争与合作的关系。

21. 只要身体健康就可以认为达到了大学体育课程中的身体健康目标。（　　）

答案：×

大学体育学习主要途径：体育课程、课余体育活动。

课余体育的特点：灵活性、开放性、综合性、趣味性、自主性。

22. 课余体育的特点是灵活性、自愿性、开放性、综合性、公开性。（　　）

答案：×

竞技运动的特点有：竞争性、技艺性、公认性、国际性。

23. 体育的产生依赖与人类社会的进步，体育的发展依赖与人类社会的需求。（　　）

答案：×

体育锻炼的作用：可以改变人的形态结构、可以提高人体的生长发育水平、可以提高人的智力水平、有利于人体某些遗传性状的变异。

课余体育包括早操、课间操、班级体育活动、课余训练、课余竞赛、校外体育等。

体育运动是体育教育、竞技运动、身体锻炼和身体娱乐的总称。

24. 体育运动是体育教育、竞技运动、身体锻炼和身体娱乐的总称。（　　）

答案：√

第二章　健　　康

健康是人类生存和发展最基本的条件，也是创造社会物质文明和精神文明的基础。

1. 健康是人类生存和发展最基本的条件，也是创造社会物质文明和精神文明的基础。

答案：√

影响健康的因素多种多样，在诸多因素中，体育锻炼对健康的影响最为活跃。

2. 影响健康的因素多种多样，在诸多因素中，体育锻炼对健康的影响是最为重要的。

答案：×

著名体育教育学家马约翰教授的健康思想是：运动是健康的源泉。

泰戈尔有句名言：生命在于运动。

教育部部长周济在第七届大学生运动会上，对大学生提出：以人为本，健康第一，终身体育。

3. 著名体育教育学家马约翰教授的健康思想是生命在于运动。

答案：×

健康是一个动态的理念。健康不仅仅是指没有病和不虚弱，而且是身体上、心理上和社会适应能力上三方面的完美状态。这就是三维健康观。

随着医学、自然科学的发展，社会的进步等，人们对健康的认识提高到了一个崭新的水平，人们认为“健康不仅仅是躯体没有疾病，而且还应具备心理健康、社会适应良好和道德健康”。这就是四维健康观。(4、5)

4. 三维健康观即：躯体没有疾病、心理健康、道德健康。

答案：×

5. 随着社会的发展，四维健康观与三维健康观相比更先进、更合理，比较符合现在社会的健康理念。

答案：√

健康的指标是评价人们健康水平、健康教育工作计划和健康教育措施效果的依据。健康不仅是主观状态，而且是客观事实。

6. 健康的指标是评价人们健康水平、健康教育工作计划和健康教育措施效果的依据。

答案：√

个人健康评价：形态方面、生理功能方面、身体素质方面、心理方面、社会方面、疾病状况。

健康测量是对人体健康实施的描述，健康评价是对健康测量结果的判断。

7. 个人健康评价是对个人健康测量结果的判断。

答案：√

健康测量就是运用定量和定性的方法，对人体生长发育水平、生理和心理状态及对社会的适应能力进行测定。健康评价是根据可靠有效的评价理论、评价标准和方法对受试者的健康状况作出判断。健康测量与健康评价，既有联系又有区别。健康测量是对人体健康实施的描述，健康评价是对健康测量结果的判断。(8、9)

8. 健康测量是对人体健康测量结果的判断，健康评价是对健康实施的描述。

答案：×

9. 健康测量与健康评价，既有联系又有区别，它们缺一不可，共同为人体健康保驾护航。

答案：√

10. 作为一名正常的大学生，正常情况下每分钟呼吸次数应在20～25次。

答案：×

影响健康的因素：人体的生物学因素、环境因素、行为与生活方式因素、社会保健制度因素。

11. 社会保健制度不能影响人体的健康，只能对人体起到保健作用。

答案：√

在影响和制约人体健康的诸多生物学因素中，主要有遗传和心理的两种因素。

后代形成和亲代相似的多种特征称遗传特征。

心理因素和身心健康的关系可以从以下三个方面来分析：消极的心理因素会引起许多疾病、积极的心理状态是保持和增进健康的必要条件、心理因素在治疗中的作用。

12. 后代形成和亲代相似是影响和制约人体健康的诸多生物学因素中最主要的两种因素。

答案：×

亚健康（Sub-health）概念首先是由前苏联学者于20世纪80年代提出的

由于人们习惯上把健康称作是第一种状态，患病称为第二种状态，因此把这种非患病、非健康的中间状态称为"第三状态"，也称灰色状态、病前状态、亚临床期、临床前期、潜病期等。

13. 亚健康（Sub-health）概念首先是由前苏联学者在20世纪90年代提出的。

答案：×

国内外研究表明，现代社会完全符合健康标准的人大约只有15%，属于有疾病在身的人大约有15%，其余近70%的人都处在不同程度的亚健康状态。

处于亚健康状态的人精力衰竭、抵抗力减弱、工作效率低。主要原因是成年累月积聚起来的工作和生活压力得不到有效的缓解而造成的。

14. 国内外研究表明，现代社会完全符合健康标准的人大约有70%，属于有疾病在身的人大约有15%，其余15%的人都处在不同程度的亚健康状态。

答案：×

我国亚健康人群处在的区域不同，其引起的亚健康状态的形式也不尽相同。

亚健康的症候特点：身体疲劳减少、脑力疲劳增多、精神疲劳严重。

亚健康的起因：过度疲劳造成的精力、体力透支、人的自然衰老、现代身心疾病，如心脑血管病、肿瘤等疾病的前期、人体生物周期中的低潮时间。

15. 我国亚健康人群处在的区域不同，其引起的亚健康状态的形式也不尽相同。

答案：√

亚健康的临床特征及对生活的影响：失眠或嗜睡、健忘、食欲不振、性欲低下、烦躁不安、抑郁或消沉、焦虑不安、疲乏无力、头晕心悸气短、大小便问题、免疫功能下降等。

亚健康的防治方法：健康教育指导、生物医学治疗、心理行为干涉、重视预防保健。

16. 亚健康的防治方法：健康教育指导、生物医学治疗、行为方式矫正、心理行为干涉、重视预防保健。

答案：×

健康教育指导是调控亚健康的重要方法之一。不正确、不科学的生活行为因素是导致亚健康的重要原因，而不健康的生活方式的形成，主要是由于患者的卫生保健方面的知识缺乏所致。

心理预防干涉：

(1) 明确心理治疗、干预治疗的重要意义，结合健康教育进行。

(2) 针对焦虑不安、紧张情绪的特点，帮助解除顾虑，稳定情绪，树立信心，配合治疗。

(3) 倾听患者倾诉，引导患者陈述，宣泄心理、精神、情绪压力。

(4) 坚持治疗，定期跟踪随访，调整治疗方案，巩固成绩，提高疗效，预防复发。

重视预防保健：

(1) 提高自我保健意识，改变性格缺陷，宣泄心理压力，改变不良生活习惯，建立良好的生活规律，劳逸结合，张弛适度，休息充分。

(2) 适当进行体力劳动，劳逸结合。加强体育锻炼，保持适当体重，饮食有节，起居有常，不暴饮暴食，注意环境卫生，避免毒邪侵袭，做好特殊时期的卫生保健，如妇女月经期。

(3) 提高科学素养，科学地认识健康和疾病，提高社会适应能力和环境适应能力。

17. 不正确、不科学的生活行为因素是导致亚健康的重要原因，而不健康的生活方式的形成，主要是由于患者的卫生保健方面的知识缺乏所致。

答案：√

生活方式是指人们长期受一定文化、民族、经济、社会、风俗，特别是家庭影响而形成的一系列生活习惯、生活制度和生活意识。

培养良好的健康行为：养成健康习惯、讲究心理卫生、持之以恒地进行体育锻、营养全面平衡、生活起居有规律。

健康行为是指一切有利于提高身体健康水平，降低损害健康的危险因素的活动和习惯。

18. 健康行为是指一切有利于提高身体健康水平，降低损害健康的危险因素的活动和习惯。

答案：√

三大营养素包括糖、脂肪和蛋白质，它们是构成机体组织和提供能量所必需的物质。微量营养素包括维生素和无机盐，它们的主要功能是维持细胞的功能。

19. 三大营养素是构成机体组织和提供能量所必需的物质。

答案：√

20. 微量营养素的主要功能是构成机体组织。

答案：×

根据分子结构的简繁，糖可分为单糖（包括葡萄糖、半乳糖、果糖）、双糖（包括蔗糖、麦芽糖、乳糖）与多糖（包括淀粉、糖元与果胶）三类。

糖类对机体的主要营养功用是：

(1) 供给能量。

(2) 维持中枢神经机能。

(3) 调节脂肪代谢。

(4) 促进蛋白质的吸收利用。

(5) 保护肝脏。

(6) 构成机体的重要物质。

21. 糖类又称碳水化合物，是人体活动中最重要的能量来源。

答案：√

脂肪按分子结构分为饱和脂酸和不饱和脂酸两类。不饱和脂酸又分为单不饱和脂酸与多不饱和脂酸。

脂肪对机体的主要营养功用是：

(1) 储能和供能。

(2) 构成机体组织。

(3) 供给必需的脂肪酸。

(4) 携带脂溶性纤维素，并促进其吸收利用。

(5) 体内脂肪还有保护和固定器官的作用，皮下脂肪有保温作用。

22. 脂肪能够供给必需的脂肪酸，调节生理功能。

答案：×

蛋白质的营养功用有：

(1) 蛋白质的基本作用是构成机体组织和修补组织。

(2) 调节生理功能。

(3) 供给热能。

蛋白质的结构单元是氨基酸，20 种不同的氨基酸头尾相连构成功能各异的蛋白质。人的机体能够合成 11 种氨基酸，不必从食物中摄取。另外 9 种机体不能合成的氨基酸称为必需氨基酸，需从食物中摄取。

23. 蛋白质能够构成机体组织和修补组织，而且在必要的情况下还能够提供热能。

答案：√

水是人体除氧气以外赖以生存的最重要的物质。

水的营养功能有：

(1) 构成人体组织。

(2) 保证和参与物质的代谢过程。

(3) 调节体温。

(4) 体内物质的运输。

(5) 保证腺体正常分泌。

成人体重的 1/3 是由水组成的，血液、脑脊液等含水量高达 90% 以上，肌肉神经含水 60%～80%，脂肪和骨骼含水 30% 以下。

24. 水是人体赖以生存的最重要的物质。

答案：×

健康饮食的原则：平衡性原则、适当性原则、全面性原则、针对性原则。

营养适当是指人所摄取的各种营养成分之间的配比要合理，即在全面和均衡的基础上进行适当的饮食搭配。

25. 适当性原则一方面是指人所摄取的各种营养成分的配比要适当，另一方面是指食用的量要适当。

答案：×

体育锻炼对身体健康的作用：

(1) 增强心脏和循环系统的功能，预防心血管病和中风。

(2) 改善呼吸系统的功能。

(3) 提高消化系统的功能。

(4) 增强运动系统的功能。

(5) 具有健脑功能。

26. 体育锻炼使脑细胞数量得到发展但不能使体积发展。

答案：×

体育运动对增强心理健康的主要作用可体现在以下几个方面：

(1) 增强自信心，体验成功感，克服自卑心理，促进个性心理的良性发展以及优良性格和气质的形成。

(2) 体育活动具有宣泄功能，在身体活动时你可以释放内心的压抑，忘却烦恼，同时也能给你带来身心上的愉悦。

(3) 提高适应能力。体育运动可以增强生理功能和抵抗力，进而提高对自然环境的适应能力，同时也可提高对社会环境的适应能力。

(4) 增强社会交往能力，改善人际关系。

(5) 参加体育活动可以培养积极向上、不怕艰苦、敢于挑战和顽强拼搏的意志品质。

(6) 体育锻炼能培养对自我、家庭、集体、社会的责任感。

锻炼心理学的大量研究表明，长期的身体锻炼能促进心理健康，治疗身心疾病。强壮的身体是健康的基础，而良好的心理是健康的源泉。

27. 长期的身体锻炼能促进心理健康，治疗身心疾病。强壮的身体是健康的基础，而良好的心理是健康的源泉。

答案：√

现代科学和实践已证明，体育锻炼在增强体质、促进健康的同时，还可以防病、治病、康复、保健，从而预防现代社会所带来的一些“文明病”，具有使人青春常在、延年益寿的功能。

体育锻炼对保健康复的作用：

(1) 预防骨裂。

(2) 防止高血压。

(3) 降低糖尿病发生的危险性。

(4) 控制体重与改善体型（减肥）。

(5) 保持身体活动能力。

(6) 减缓心理压力。

(7) 预防癌症。

28. 体育锻炼不仅能增强体质、促进健康，也可以防病、治病、康复、保健，还有利于心理健康，促进人的社会适应能力。

答案：√

29. 糖类能够调节生理功能并且参与构成人体组织，是人体活动中最重要的能量来源。

答案：×

第三章 心理健康

大学生的生理特征：

(1) 身体形态和机能发展迅速。

(2) 大脑神经系统发育成熟。

(3) 性成熟和性意识的觉醒。

1. 大脑神经系统发育成熟是大学生的生理特征之一。

答案：√

大学生的心理特征：

(1) 敏锐的认识能力

(2) 丰富而热烈的情绪

(3) 自觉性和坚持性较强的意志力

(4) 自我意识进一步发展

2. 丰富而热烈的情绪不属于大学生的心理特征。

答案：×

3. 世界卫生组织对健康的定义：健康不仅是指一个人没有疾病，而且是指有良好的身体和健康就是指一个人没有疾病。

答案：×

大学生心理问题的诱因：

(1) 交际困难造成心理压力。

(2) 学习与生活的压力。

(3) 角色转换与适应环境。

(4) 对网络的依赖性。

(5) 情感危机。

(6) 就业压力。

(7) 家庭及外界环境的不利影响。

4. 由于交际困难造成心理压力容易引起大学生的心理问题。

答案：√

大学生的心理调适：

(1) 重新认识自我，找准在大学里的位置。

(2) 尽快熟悉环境，融入集体，多与人交往。

(3) 多参与体育活动。

(4) 重新给自己定位，寻找新的奋斗目标。

5. 多参与体育活动是大学生的心理调适之一。

答案：√

大学生以积极乐观的态度面对人生的具体表现：

(1) 树立正确的人生态度。

(2) 轻松满意的心境。

(3) 和谐的人际关系。

(4) 良好的个性，统一的人格。

(5) 适度的情绪，充分的理智。

6. 和谐的人际关系是大学生以积极乐观的态度面对人生的具体表现之一。

答案：√

疲劳按产生的原因可以分为脑力劳动疲劳和运动性疲劳两种类型。

7. 脑力劳动疲劳按性质可分为肌肉疲劳、神经疲劳和内脏疲劳。

答案：×

预防脑力劳动疲劳：

(1) 科学用脑。

(2) 劳逸结合，保证睡眠。

(3) 遵循人体生物规律，调节身心负荷。

(4) 培养学习兴趣。

(5) 创造良好的学习环境。

8. 遵循人体生物规律，调节身心负荷能预防脑力劳动疲劳。

答案：√

运动性疲劳大致可分为肌肉疲劳、神经疲劳和内脏疲劳。

9. 运动性疲劳大致可分为肌肉疲劳、神经疲劳和内脏疲劳。

答案：√

疲劳的程度一般可分为三度，即轻度疲劳、中度疲劳和过度疲劳。在体育运动中人体适应大运动所出现的疲劳现象与过度疲劳是有区别的，过度疲劳是一种病理状态。

10. 在体育运动中人体适应大运动所出现的疲劳现象是过度疲劳。

答案：×

疲劳程度自我检查指标：轻度疲劳：睡眠、食欲良好，体力充沛，消除疲劳快，有继续锻炼的要求；中度疲劳：疲乏，睡眠不好，精神不振，食欲欠佳；过度疲劳：除疲乏、腿疼、心悸外，尚有头痛、恶心，甚至呕吐，肝部疼痛，心律不齐，失眠食欲减退，体重持续下降，厌烦运动，倦怠，易激动。

11. 疲乏，睡眠不好，精神不振，食欲欠佳是轻度疲劳的症状。

答案：×

对大学生而言，心理健康的鉴别标准有：

(1) 个人与环境关系和谐。

(2) 自我了解，自我认识，自我接纳。

(3) 行为协调，人格完整。

12. 自我了解，自我认识，自我接纳是大学生心理健康的鉴别标准之一。

答案：√

人格内在的协调，表现为认知能力，情绪反应和意志行为三方面的协调，需要、欲望与目标的协调，动机与行为的协调，行为与环境的协调。

13. 意志行为是人格内在协调的表现之一。

答案：√

自我调控能力的形成：要在日常生活中，运用自我激励，自我督导，自我磨炼等方法，潜移默化地增强自身意志，提高竞争意识。

14. 在日常生活中，自我激励能增强自我调控能力。

答案：√

仲氏抑郁指数与抑郁症状的严重程度关系如下：指数50%以下为正常范围；指数在50%～59%为轻度抑郁；指数在60%～69%为中度抑郁；指数在70%及以上为重度至严重抑郁。

15. 仲氏抑郁指数50%～59%为中度抑郁。

答案：×

斯蒂文·威斯特精神柔软体操使精神和身体得到放松的方法介绍：

(1) 消除烦恼法。

(2) 愿望开发法。

(3) 把握现实法。

16. 把握现实法是斯蒂文·威斯特精神柔软体操使精神和身体得到放松的方法之一。

答案：√

抑郁症自我治疗的方法有：

(1) 善于认知。

(2) 自我暗示。

(3) 充分宣泄。

(4) 勤写日记。

(5) 寻找快乐。

(6) 广交朋友。

(7) 面对现实。

17. 自我暗示是抑郁症自我治疗的方法之一。

答案：√

心理学知识可以使大学生更深刻地认识自己，达到自我认识，自我发展，自我完善。

18. 心理学知识可以使大学生更深刻地认识自己，达到自我认识，自我发展，自我完善。

答案：√

大学生心理问题的表现在学生中的比例女生高于男生，不同年级中二年级比例高于其他年级。非城市学生的比例高于城市学生，其中边远农村学生的比例最高。

19. 大学生心理问题的表现为女生比例高于男生。

答案：√

20. 大学生心理问题，不同年级中二年级比例高于其他年级。

答案：√

神经系统是人体发育最早、最快、成熟最早的一个系统；生殖系统是人体最后成熟的一个系统。大学生由于性激素的作用，肌纤维变粗，身体逐渐结实强壮。身体各器官及生理功能迅速发展，特别是作为生理基础的消化系统、呼吸系统、循环系统等迅速发展，促进了身体内部机能的进一步健全。

21. 神经系统是人体发育最早、最快、成熟最早的一个系统。

答案：√

22. 大学生由于肾上腺激素的作用，肌纤维变粗，身体逐渐结实强壮。

答案：×

第四章 体质健康

《国家学生体质健康标准》的测试项目：测试项目为六项，其中身高、体重、肺活量为必测项目，选测项目为三项：从50米跑、立定跳远中选测一项；男生从台阶试验、1000米跑中选测一项；女生从台阶试验、800米跑中选测一项；男生从坐位体前屈、握力中选测一项；女生从坐位体前屈、仰卧起坐和握力中选测一项。

1. 50米跑是《国家学生体质健康标准》规定的大学生必测项目。

答案：×

2.《国家学生体质健康标准》的测试项目共有6项，其中男生从台阶试验、1000米跑中选测一项。

答案：√

各个测试项目的得分之和为《国家学生体质健康标准》的最后得分，根据最后得分评定等级；90.0分以上为优秀，80.0分～89.9分为良好，60.0分～79.9分为及格、59.9分及以下为不及格。每学年评定一次成绩并记入《学生体质健康标准登记卡片》，学生毕业年级的等级评定，按毕业当年的成绩和其他学年平均成绩（各占50%）之和评定。学生达到《标准》良好等级及以上者，方可评为三好学生、获奖学金。对《标准》测试成绩不及格者，在本学年度准予补考一次，补考仍不及格，则学年评定成绩不及格。学生毕业时《标准》测试成绩达不到50.0分者，按结业或肄业处理。

3. 学生达到《国家学生体质健康标准》良好等级及以上者，方可评为三好学生、获奖学金。

答案：√

身体运动素质是人体在运动中表现出来的速度、力量、耐力、柔韧、灵敏与协调的素质。

4. 身体运动素质是人体在运动中表现出来的速度、力量、耐力、柔韧、灵敏与协调的素质。

答案：√

身体健康素质是与身体健康关系更加密切的一些要素，包括身体成分、心血管系统的功能、肌肉的力量和耐力以及柔韧性。

5. 心血管系统的功能属于身体健康素质与身体健康关系更加密切的要素之一。

答案：√

身高标准体重是指身高与体重两者的比例应在正常的范围之内。它通过身高与体重一定的比例关系，反映人体的围度、宽度和厚度以及人体的密度。是评价人体形态发育水平和营养水平及身体匀称度的重要指标。体重指数BMI＝身高（m）/体重（kg）^{2}

6. 体重指数BMI＝身高（m）/体重（kg）。

答案：×

台阶试验是一现项定量负荷机能试验，主要用以测定人体心血管系统机能，也可间接推断机体的耐力。800米和1000米属于耐力跑测试，是一种评价心血管系统机能水平最简便的方法。耐力既是身体体健康素质的组成部分之一，又是身体运动素质组成部分之一。肺活量是指在不限时间的情况下，一次最大吸气后再尽最大力量所呼出的气量，它是评价人体呼吸系统机能的一个重要指标。50米跑是国际上通用的测试项目，通过较短距离的高强度跑测试速度素质。速度素质的测试可以反映人体中枢神经系统的机能，也可综合反映人体的爆发力、灵敏反应等素质。

7. 800 米和 1000 米属于耐力跑测试，是一种评价心血管系统机能水平最简便的方法。

答案：√

促使身体成分更加合理的锻炼方法：

(1) 要选择好适宜的运动方式。

(2) 保证每周的锻炼次数。

(3) 锻炼的强度是决定降体重计划能否实现的关键。

(4) 持续运动的时间对降低体重最为重要。

(5) 大肌肉群参与运动能够消耗更多的热量。

(6) 锻炼和控制饮食相结合。

8. 锻炼和控制饮食相结合是促使身体成分更加合理的锻炼方法之一。

答案：√

健身走的强度分类

最慢速走：每分钟 60～70 步（每小时 2.5～3 公里）

慢速走：每分钟 70～90 步（每小时 3～4 公里）

中速走：每分钟 90～120 步（每小时 4～5 公里）

快速走：每分钟 120～140 步（每小时 5～6 公里）

最快速走：每分钟 140 步以上（每小时接近走 10000 步）

9. 健身走的中速走速度在每分钟 90～120 步（每小时 4～5 公里）左右。

答案：√

靶心率是指通过有氧运动提高心血管循环系统的机能时有效而安全的运动心率。靶心率范围在 60% 与 80% 之间。最大心率＝220－年龄。运动强度一定要控制靶心率的范围之内。

10. 靶心率范围在 40% 与 60% 之间。

答案：×

发展和提高心血管循环系统功能的运动有：走步、慢跑、游泳、骑自行和其他一些持续性运动项目，如球类运动、体育舞蹈、爬山远足等。耐力素质的高低是心血管循环系统的重要标志。

11. 快跑能够发展和提高心血管循环系统功能。

答案：×

最高重复次数 RM（Repetition maximum）是表示能重复的最高次数，即进行某一重量的练习时，用连续练习的最大重复次数来衡量负荷的大小。RM 仅代表能最大重复多少次的重量，而不反映重量的绝对值。

不同 RM 和组数的力量练习对肌肉的影响

强度	组数	练习效果
3RM～6RM	3～6	主要发展肌肉的绝对力量
8RM～12RM	3～6	主要发展肌肉的体积
18RM～20RM	4～6	主要发展肌肉的耐力

12. 强度 3RM～6RM，组数 3～6 主要发展肌肉的绝对力量。

答案：√

肌肉力量练习的效果与训练中的多种因素有关。主要的因素有三种：最高重复次数和组数、每组练习的间隔时间、每次练习的间隔时间。

13. 最高重复次数和组数是影响肌肉力量练习的效果的主要因素之一。

答案：√

伸展练习可以有效地发展柔韧性，主要有三种形式：

（1）主动或被动的静态伸展法。

（2）主动或被动的弹性伸展法。

（3）本体感受神经肌肉伸展法（PNF 法）。

14. 本体感受神经肌肉伸展法是发展柔韧性的有效方法之一。

答案：√

体育锻炼处方是指根据每个准备从事体育锻炼的个体的身心状况而制定的一种定量化的周期性体育锻炼计划。它是由体育指导者针对体育锻炼参加者身体的医学诊断结果、运动经历和健康状况，依照体育锻炼的目的，为个体体育锻炼参加者制定的以体育锻炼项目运动负荷、时间及频度为内容的指导性方案。按体育锻炼的不同目的，体育锻炼处方可分为健身锻炼处方、健美锻炼处方、保健锻炼处方、康复锻炼处方等。体育锻炼处方由运动目的、运动项目、运动强度、运动时间、运动频度与运动时间带等要素组成。我国通常称体育锻炼处方为运动处方或健身运动处方。

15. 按体育锻炼的不同目的，体育锻炼处方可分为健身锻炼处方、健美锻炼处方、保健锻炼处方、康复锻炼处方等。

答案：√

16. 按体育锻炼的不同目的，体育锻炼处方可分为健身锻炼处方、健美锻炼处方、保健锻炼处方、康复锻炼处方等。

答案：√

体育锻炼处方由运动目的、运动项目、运动强度、运动时间、运动频度与运动时间带等要素组成。

17. 运动时间带是体育锻炼处方的一个要素。

答案：√

体育锻炼处方的制定一般包括三个环节：医学检查，制定处方，实施处方锻炼。

18. 体能测定是体育锻炼处方的三个环节之一。

答案：×

体育锻炼处方临床检查。鉴定能否运动。检查内容为：

血压——安静时收缩压不超过 140 毫米汞柱，舒张压不超过 90 毫米汞柱。

心电图——采用一般诱导法，根据每尼素干塔进行诊断。

尿检——蛋白质和糖呈阴性。

胸部 X 光诊断——有无肺炎、肺结核、胸膜炎等。

血液检查——检查血红蛋白、血细胞比例，谷——草转氨酶（SGOT），谷——丙转氨酶（SGPT），血清乳酸脱氨酶（CDH），胆固醇，尿胆素原，血糖，以确诊是否患有贫血，确定肝功能、心肌、肾和糖代谢等是否异常。

19. 有氧能力测试是体育锻炼处方的临床检查的内容之一。

答案：×

制定运动处方的意义

（1）科学性好：指适用于不同体力水平的人，按本人靶心率坚持 6 周的锻炼（每次 20

分钟以上)，即可提高耐力水平，起到事半功倍的效果。

(2) 计划性强：目的明确，计划具体，锻炼得法，可提高兴趣，使锻炼者易于坚持。

(3) 安全可靠性：可以科学地监控运动负荷和评定运动效果，防止因负荷过大出现事故，而负荷小又不起作用。

20. 计划性强是制定运动处方的意义之一。

答案：√

运动强度分级与心率

(1) 极限强度（最大强度)：持续最大速度或最大力量（肌肉快速紧张的工作）在 10～30 秒的练习，心率在 190 次/分以上。

(2) 次极限（次最大）强度：肌肉快速紧张的工作能持续 30 秒到 3 分钟左右的练习，心率在 170～190 次/分。

(3) 大强度：肌肉紧张的工作持续 5～30 分钟左右的练习，心率在 150～170 次/分。

(4) 中等强度：持续 30 分钟以上的周期性练习，心率在 130～150 次/分。

21. 运动强度分级与心率中极限强度（最大强度)：持续最大速度或最大力量（肌肉快速紧张的工作）在 1 分钟左右的练习，心率在 190 次/分以上。

答案：×

22. 根据《国家学生体质健康标准》，女生的体重指数为 17.9～23.9 为正常体重。

答案：×

23. 根据《国家学生体质健康标准》，大一男生肺活量 4600ml 评级为优秀。

答案：×

24. 根据《国家学生体质健康标准》，50m 跑大二女生 7.8 秒为优秀。

答案；×

25. 根据《国家学生体质健康标准》，大三女生坐位体前屈 23cm 为优秀。

答案：×

26. 根据《国家学生体质健康标准》，大一男生立定跳远 265cm 以上为优秀。

答案：√

27. 根据《国家学生体质健康标准》，大二女生 800m 跑 3 分 35 秒为优秀。

答案：×

第五章 科学健身

成年人每天约呼吸 1000 升空气，其重量约 13.6 千克。新鲜空气可以振奋精神，消除疲劳，提高学习和工作的效率，也能改善睡眠，提高基础代谢。

1. 成年人每天约呼吸 1000 升空气，其重量约 13.6 千克。新鲜空气可以振奋精神，消除疲劳，提高学习和工作的效率，也能改善睡眠，提高基础代谢。

答案：√

在气温超过 35℃，人就会因为大量出汗使体液减少而导致体内环境的改变，运动能力下降，甚至会出现痉挛、中暑等情况。

2. 在气温超过 30℃，人就会因为大量出汗使体液减少而导致体内环境的改变，运动能力下降，甚至会出现痉挛、中暑等情况。

答案：√

人剧烈运动时，脉搏每分钟增至 150～200 次，心脏输出的血量可增加 5～6 倍，呼吸频率可达每分钟 40～50 次，通气量能增加到 70～120 升。

3. 人剧烈运动时，脉搏每分钟增至 150～200 次，心脏输出的血量可增加 5～6 倍，呼吸频率可达每分钟 40～50 次，通气量能增加到 70～120 升。

答案：√

饥饿时血糖的浓度本身就偏低，此时做剧烈运动更容易出现低血糖，再加上胃酸或冷空气的刺激会引起胃部痉挛，发生饥饿性腹痛。

4. 饥饿时血糖的浓度本身就偏低，此时做剧烈运动更容易出现低血糖，再加上胃酸或冷空气的刺激会引起胃部痉挛，发生饥饿性腹痛。

答案：√

女子在月经期间，受神经—体液调节变化的影响，抗病能力减弱，加上子宫颈口微张开，子宫内膜剥落，阴道酸性分泌物被经血冲淡，易感染而引起疾病。

5. 女子在月经期间，受神经—体液调节变化的影响，抗病能力减弱，加上子宫颈口微张开，子宫内膜剥落，阴道酸性分泌物被经血冲淡，易感染而引起疾病。

答案：√

在长跑过程中，往往有一段时间会胸部发闷，呼吸苦难，脉搏加快，肌肉酸痛，动作协调性被破坏，跑速减慢，甚至想中途停止运动。这种现象在运动生理学上叫做“极点”。

6. 在长跑过程中，往往有一段时间会胸部发闷，呼吸苦难，脉搏加快，肌肉酸痛，动作协调性被破坏，跑速减慢，甚至想中途停止运动。这种现象在运动生理学上叫做“第二次呼吸”。

答案：×

极点出现后，通过有意识的加深呼吸，减慢跑速，放松身体，坚持下去，极点现象就会逐渐缓解与消失，动作协调有力，工作能力重新提高，这种现象运动生理学上称为“第二次呼吸”。

7. 极点出现后，通过有意识的加深呼吸，减慢跑速，放松身体，坚持下去，极点现象就会逐渐缓解与消失，动作协调有力，工作能力重新提高，这种现象运动生理学上称为“第二次呼吸”。

答案：√

在炎热的夏天长时间进行体育活动，特别是在天气闷热、身体疲劳、缺乏饮水和头部缺乏保护而直接受到烈日的照射等情况下，大量出汗，人体内的水分和盐分丢失过多，这是引起中暑最常见的原因。

8. 在炎热的夏天长时间进行体育活动，特别是在天气闷热、身体疲劳、缺乏饮水和头部缺乏保护而直接受到烈日的照射等情况下，大量出汗，人体内的水分和盐分丢失过多，这是引起中暑最常见的原因。

答案：√

在体育锻炼中经常发生痉挛的肌肉是小腿腓肠肌，其次是足底耳朵屈拇肌和屈趾肌。这些局部的抽筋，多发于游泳、足球和赛跑运动项目中。

9. 在体育锻炼中经常发生痉挛的肌肉是小腿腓肠肌，其次是足底耳朵屈拇肌和屈趾肌。这些局部的抽筋，多发于游泳、足球和赛跑运动项目中。

答案：√

预防肌肉痉挛，最积极有效的办法就是加强锻炼，提高身体对寒冷的适应能力。其次在进行活动前，必须充分做好准备活动，对容易发生痉挛的肌肉，可事先进行按摩，尤其在冬季或游泳前。

10. 预防肌肉痉挛，最积极有效的办法就是加强锻炼，提高身体对寒冷的适应能力。其次在进行活动前，必须充分做好准备活动，对容易发生痉挛的肌肉，可事先进行按摩，尤其在冬季或游泳前。

答案：√

对在运动中出现的肌肉痉挛，常用的处理方法是，牵引痉挛的肌肉，使其伸长和松弛，即可使之缓解。例如，腓肠肌痉挛，可伸直膝关节，收足背屈。屈拇肌、屈趾肌痉挛，可用力使足和足趾背伸。另外，还可配合局部按摩，促使其加快缓解。

11. 对在运动中出现的肌肉痉挛，常用的处理方法是，牵引痉挛的肌肉，使其伸长和松弛，即可使之缓解。例如，腓肠肌痉挛，可伸直膝关节，收足背屈。屈拇肌、屈趾肌痉挛，可用力使足和足趾背伸。另外，还可配合局部按摩，促使其加快缓解。

答案：√

遵循下列原则，运动性昏厥是可以避免的：

(1) 久蹲之后不要突然站立。

(2) 不要带病或在饥饿的情况下参加剧烈运动。

(3) 疾跑后不要突然停下来。

(4) 要注意饮食营养以及保证足够的睡眠时间。

12. 久蹲之后不要突然站立可以避免运动性昏厥。

答案：√

13. 不要带病或在饥饿的情况下参加剧烈运动可以避免运动性昏厥。

答案：√

14. 疾跑后突然停下来可以避免运动性昏厥。

答案：×

15. 注意饮食营养以及保证足够的睡眠时间可以避免运动性昏厥。

答案：√

一些学生在体育锻炼时，尤其是在参加一些长时间的运动如长跑、篮球、足球、游泳等过程中常出现腹痛的现象，这种腹痛称为“运动性腹痛”。

16. 一些学生在体育锻炼时，尤其是在参加一些长时间的运动如长跑、篮球、足球、游泳等过程中常出现腹痛的现象，这种腹痛称为“运动性腹痛”。

答案：√

在运动中或运动后，症状出现 30 秒内死亡称为即刻死，病状出现 24 小时内死亡称为猝死。

17. 在运动中或运动后，症状出现 30 秒内死亡称为即刻死，病状出现 24 小时内死亡称为猝死。

答案：√

肌肉轻度拉上或伴有部分肌纤维撕裂，首先应进行冷敷，局部加压包扎。冷敷方法可采用冷水浸泡或冷毛巾敷，如果有条件也可以用氯乙烷喷射受伤部位。

18. 肌肉轻度拉上或伴有部分肌纤维撕裂，首先应进行冷敷，局部加压包扎。冷敷方法可采用冷水浸泡或冷毛巾敷，如果有条件也可以用氯乙烷喷射受伤部位。

答案：√

骨折临时固定的注意事项：

(1) 固定前不要无故移动伤肢。

(2) 固定时不要试图整复，如果畸形很厉害，顺伤肢长轴方向稍加牵引。

(3) 夹板的长度和宽度要与骨折的肢体相称，其长度必须超过骨折部的上下两个关节。

(4) 固定要牢靠，松紧要合适。

19. 固定前不要无故移动伤肢。

答案：√

20. 固定时不要试图整复，如果畸形很厉害，顺伤肢长轴方向稍加牵引。

答案：√

21. 夹板的长度和宽度要与骨折的肢体相称，其长度必须超过骨折部的上下两个关节。

答案：√

22. 固定要牢靠，松紧要合适。

答案：√

第六章 奥林匹克

奥林匹克运动会起源于古希腊，因举办地点在奥林匹亚村而得名。

1. 奥林匹克运动会起源于古希腊，因举办地点在奥林匹亚村而得名。

答案：√

1908年奥运会实施了较为标准化和规范化的管理，为未来奥运会的举办构建了基本框架。

2. 1905年奥运会实施了较为标准化和规范化的管理，为未来奥运会的举办构建了基本框架。

答案：×

自1928年起，女子田径项目纳入正式比赛，这一重要变化对奥林匹克运动的普及性和号召力起到了推动性作用。

3. 自1908年起，女子田径项目纳入正式比赛，这一重要变化对奥林匹克运动的普及性和号召力起到了推动性作用。

答案：×

奥林匹克运动是从现代奥林匹克主义诞生的一个规模宏大的社会运动，其目的在于通过组织没有任何歧视和符合奥林匹克精神的体育活动来教育青年，从而为建立一个更加和平和美好的世界做出贡献。

4. 奥林匹克运动是从现代奥林匹克主义诞生的一个规模宏大的社会运动，其目的在于通过组织没有任何歧视和符合奥林匹克精神的体育活动来教育青年，从而为建立一个更加和平和美好的世界做出贡献。

答案：√

广义的奥林匹克文化应该包括古代奥林匹克传统、现代奥林匹克运动、奥林匹克主义、奥林匹克理想、奥林匹克精神以及所有的奥林匹克活动如奥林匹克运动会、大众体育、奥林匹克文化活动、奥林匹克教育和奥林匹克商业活动等等。

5. 广义的奥林匹克文化应该包括古代奥林匹克传统、现代奥林匹克运动、奥林匹克主义、奥林匹克理想、奥林匹克精神以及所有的奥林匹克活动如奥林匹克运动会、大众体育、奥林匹克文化活动、奥林匹克教育和奥林匹克商业活动等。

答案：√

狭义的奥林匹克文化是指与奥林匹克运动有关的文化艺术活动以及各种视觉形象，如奥林匹克标志、旗帜、奖章、招贴画、格言、徽记、会歌、奥运会火炬、奥运会吉祥物、奥运会期间举行的文艺表演、科学报告会和奥林匹克大众传播等。

6. 广义的奥林匹克文化是指与奥林匹克运动有关的文化艺术活动以及各种视觉形象，如奥林匹克标志、旗帜、奖章、招贴画、格言、徽记、会歌、奥运会火炬、奥运会吉祥物、奥运会期间举行的文艺表演、科学报告会和奥林匹克大众传播等。

答案：×

奥林匹克标志：蓝、黄、黑、绿、红互相套接的五环正是表示五大洲的团结和全世界的运动员在奥运会上相聚一堂。

7. 奥林匹克标志：蓝、黄、黑、绿、红互相套接的五环正是表示五大洲的团结和全世界的运动员在奥运会上相聚一堂。

答案：√

奥林匹克圣火：象征着发祥于古希腊的文明之光，仍然照耀着人类前进的道路，激励着人类追求光明，追求理想，朝着崇高的目标不断进取。圣火的传递，也象征着奥林匹克精神的传递。

8. 奥林匹克圣火：象征着发祥于古希腊的文明之光，仍然照耀着人类前进的道路，激励着人类追求光明，追求理想，朝着崇高的目标不断进取。圣火的传递，也象征着奥林匹克精神的传递。

答案：√

在奥林匹克运动中有一系列独特而鲜明的象征性标志，如奥林匹克标志、格言、奥运会会旗、会歌、会标、奖牌、吉祥物等。

9. 在奥林匹克运动中有一系列独特而鲜明的象征性标志，如奥林匹克标志、格言、奥运会会旗、会歌、会标、奖牌、吉祥物等。

答案：√

奥林匹克运动包括以奥林匹克主义为核心的思想体系，以国际奥委会、国际单项体育联合会和各国奥委会为骨干的组织体系和以奥运会为周期的活动体系。

10. 奥林匹克运动包括以奥林匹克主义为核心的思想体系，以国际奥委会、国际单项体育联合会和各国奥委会为骨干的组织体系和以奥运会为周期的活动体系。

答案：√

1922 年 6 月，国际奥运会第 21 次全会在法国巴黎召开，选举王正廷为中国首位国际奥委会委员，中国与国际奥委会建立起了直接联系。

11. 1912 年 6 月，国际奥运会第 21 次全会在法国巴黎召开，选举王正廷为中国首位国际奥委会委员，中国与国际奥委会建立起了直接联系。

答案：×

1927 年以后，中华全国体育协进会相继加入了田径、游泳、体操、网球、举重、拳击、足球、篮球等 8 个国际单项体育联合会和其它国际体育组织。

12. 1925 年以后，中华全国体育协进会相继加入了田径、游泳、体操、网球、举重、拳击、足球、篮球等 8 个国际单项体育联合会和其它国际体育组织。

答案：×

1931 年 6 月，在西班牙巴塞罗那召开的国际奥委会第 30 次全会上，中华全国体育协进会被正式承认为国际奥委会团体会员，成为国际奥委会承认的中国奥林匹克组织，行使中国奥委会的职能。

13. 1931 年 6 月，在西班牙巴塞罗那召开的国际奥委会第 30 次全会上，中华全国体育协进会被正式承认为国际奥委会团体会员，成为国际奥委会承认的中国奥林匹克组织，行使中国奥委会的职能。

答案：√

第十届洛杉矶奥运会上，当时东北大学学生刘长春参加了比赛，他成为参加奥运会的第一位中国选手。

14. 第十届洛杉矶奥运会上，当时长春大学学生刘长春参加了比赛，他成为参加奥运会的第一位中国选手。

答案：×

1984 年 7 月 29 日，梦想终于成真。洛杉矶奥运会射击场上许海峰的枪声打破了中国在奥运会上金牌“零”的记录，洗雪“东亚病夫”的屈辱，是全世界华人半个多世纪的梦想得以实现。

15. 1985 年 7 月 29 日，梦想终于成真。洛杉矶奥运会射击场上许海峰的枪声打破了中国在奥运会上金牌“零”的记录，洗雪“东亚病夫”的屈辱，是全世界华人半个多世纪的梦想得以实现。

答案：×

中国体育代表团首次出征洛杉矶奥运会，不仅实现了“零的突破”，而且一举获得 15 枚金牌、8 枚银牌和 9 枚铜牌，在金牌榜上位居第 4 位的好成绩，成为中国当代体育全面走向世界的一个里程碑，开创了中国奥林匹克运动的新时代。

16. 中国体育代表团首次出征洛杉矶奥运会，不仅实现了“零的突破”，而且一举获得 15 枚金牌、8 枚银牌和 9 枚铜牌，在金牌榜上位居第 4 位的好成绩，成为中国当代体育全面走向世界的一个里程碑，开创了中国奥林匹克运动的新时代。

答案：√

第七章　休闲体育

休闲体育是指人们在工作、学习之余进行的积极主动的、轻松愉快的、毫无心理负担的一些健身娱乐活动。人们通过挖掘体育蕴藏的各种身体活动形式，在欢悦和谐的氛围中，达到日积月累地实现增强体质、促进健康、恢复体力、抵御疾病、调节心理、陶冶情操、激发生活欲望、培养高尚道德品质、改善人际关系、满足精神追求以及享受高质量人生乐趣等目的。它正在成为人们生活中不可缺少的重要内容。

1. 休闲体育正在成为人们生活中不可缺少的重要内容。

答案：√

休闲体育的功能：

(1) 娱乐功能。

(2) 健身功能。

(3) 交友功能。

(4) 经济功能。

2. 交友功能是休闲体育的功能之一。

答案：√

休闲体育的特点：

(1) 自由度大，随意性强。

(2) 有氧运动为主。

(3) 休闲体育的价值。

3. 自由度大，随意性强是休闲体育的特点。

答案：√

休闲体育的安排：

(1) 考虑时间与内容选择。

(2) 考虑休闲体育的节奏。

(3) 选择休闲体育的内容。

(4) 养成良好的生活习惯。

4. 安排休闲体育应注意考虑时间与内容选择。

答案：√

第八章　体 育 鉴 赏

身体美包括以下内容：

（1）体型美。

（2）骨骼美。

（3）肌肉美。

（4）皮肤美。

（5）毛发美。

（6）形体美。

1. 形体美是身体美的具体内容之一。

答案：√

体育最显要的功能之一就是塑造身体美，人们也往往把身体美作为检验体育效果的重要指标。身体美是指有层次的活动的整体，人体美主要指人体表面的轮廓；身体美是动态的人体美，人体美是静态的身体美；身体美是人体美的源流，人体美则是身体美的升华。

2. 身体美是动态的人体美，人体美是静态的身体美。

答案：√

身体美的量化标准：

（1）头身比例。

（2）黄金分割。

（3）体围。

3. 黄金分割是身体美的量化标准之一。

答案：√

运动中的要素美有以下几个方面：

（1）力量美。

（2）速度美。

（3）柔韧美。

（4）协调美。

（5）灵敏美。

（6）平衡美。

（7）造型美。

4. 平衡美是运动中的要素美的一个表现。

答案：√

从内容方面进行体育鉴赏：

（1）优雅的人体造型。

（2）精湛的技艺。

（3）富有韵律的节奏。

（4）崇高美。

5. 富有韵律的节奏是从内容方面进行体育鉴赏的表现之一。

答案：√

鉴赏时把体育运动分为：

（1）争先性项目。

（2）游戏性项目。

（3）表现性项目。

（4）探险性项目。

（5）智巧性项目。

6. 游戏性项目是鉴赏体育运动的分类之一。

答案：√

第九章 田径运动

田径运动作为竞技项目可以追溯到古希腊时代，赛跑、铁饼、标枪就曾是古希腊奥林匹亚祭典的主要内容。

1. 田径运动作为竞技项目可以追溯到古希腊时代，赛跑、铁饼、标枪就曾是古希腊奥林匹亚祭典的主要内容。

答案：√

经常地、科学地参加田径运动，能促进人体的新陈代谢，改善神经系统的调节功能和内脏器官的机能，提高人体健康水平与工作能力。

2. 经常地、科学地参加球类运动能促进人体的新陈代谢，改善神经系统的调节功能和内脏器官的机能，提高人体健康水平与工作能力。

答案：×

田径项目具有和日常生活的紧密联系性、运动技能简单易行、实用性、基础性等特点，由于以上特性，才使田径这一古老简单的形式，延续至今。

3. 田径项目具有和日常生活的紧密联系性、运动技能简单易行、实用性、基础性等特点，由于以上特性，才使田径这一古老简单的形式，延续至今。

答案：√

4. 男子田径项目中跳跃项目有跳远，三级跳远，跳高，撑竿跳高。

答案：√

5. 男子田径项目中投掷项目有铅球，铁饼，标枪，链球。

答案：√

6. 男子十项全能有100m，跳远，铅球，跳高，400m，110m栏，铁饼，撑竿跳，标枪，1500m。

答案：√

7. 女子七项全能有100m，跳远，铅球，跳高，800m，标枪，200m。

答案：√

对于竞赛项目，从供能方式上看，短距离是以无氧供能为主的，中距离是以糖酵解供能为主的，长距离超长距离则是以有氧供能为主的，此类项目的练习可提高人跑的能力。

8. 对于竞赛项目，从供能方式上看，短距离是以无氧供能为主的，中距离是以糖酵解供能为主的，长距离超长距离则是以有氧供能为主的，此类项目的练习可提高人跑的能力。

答案：√

跑步的作用：跑步可以使人健美，跑步使人聪明，跑步赠你健康与快乐，跑步是强心的有效手段。

9. 跑步的作用：跑步可以使人健美，跑步使人聪明，跑步赠你健康与快乐，跑步是强心的有效手段。

答案：√

10. 跑步可分为两类：以增进健康为目的的跑步和以参加比赛夺优取胜为目的的跑步。

答案：√

相对禁止健身跑步者有以下几种：

(1) 所有处在恢复期或患有慢性的传染病的患者。
(2) 靠服胰岛素支撑的糖尿病患者。
(3) 最近或现在发生过内出血的病患者。有这类病的患者要禁止任何运动。
(4) 慢性或急性肾脏病患者。
(5) 处于治疗中或还未痊愈的血色素不足 10 克的贫血症患者。
(6) 稍运动后即呼吸困难的急性或慢性肺病患者。
(7) 步行后也感到疼痛的下肢血管病患者。
(8) 服降压药，血压仍降不到 150/90 毫米汞柱的高血压病患者。
(9) 经过治疗也不能完全控制的痉挛性疾病患者。

11. 所有处在恢复期或患有慢性的传染病的患者相对禁止健身跑步。
答案：√
12. 靠服胰岛素支撑的糖尿病患者相对禁止健身跑步。
答案：√
13. 最近或现在发生过内出血的病患者。有这类病的患者要禁止任何运动。
答案：√
14. 慢性或急性肾脏病患者相对禁止健身跑步。
答案：√
15. 处于治疗中或还未痊愈的血色素不足 10 克的贫血症患者相对禁止健身跑步。
答案：√
16. 稍运动后即呼吸困难的急性或慢性肺病患者相对禁止健身跑步。
答案：√
17. 步行后也感到疼痛的下肢血管病患者相对禁止健身跑步。
答案：√
18. 服降压药，血压仍降不到 150/90 毫米汞柱的高血压病患者相对禁止健身跑步。
答案：√
19. 经过治疗也不能完全控制的痉挛性疾病患者相对禁止健身跑步。
答案：√

第十章　球类运动

篮球运动是一项集体对抗性的运动项目，活动者以各种专门技术为手段，以主动控制空间为目标，把主动控制球做为争夺焦点，把主动掌握时间与速度做为根本的保证。

1. 篮球运动是一项集体对抗性的运动项目，活动者以各种专门技术为手段，以主动控制空间为目标，把主动控制球做为争夺焦点，把主动掌握时间与速度做为根本的保证。

答案：√

篮球不仅是青少年所喜爱的运动项目，而且也适合男、女、老幼各年龄段进行锻炼和活动，具有强烈的竞争性和观赏性，并有浓厚的趣味性和娱乐性，目前是世界上参加人数较多的运动项目之一。

2. 篮球不仅是青少年所喜爱的运动项目，而且也适合男、女、老幼各年龄段进行锻炼和活动，具有强烈的竞争性和观赏性，并有浓厚的趣味性和娱乐性，目前是世界上参加人数较多的运动项目之一。

答案：√

篮球运动是1891年由美国马萨诸塞州斯普林菲尔德市基督教青年会训练学校体育教师詹姆士·奈史密斯博士发明的。

3. 篮球运动是1891年由美国马萨诸塞州斯普林菲尔德市基督教青年会训练学校体育教师詹姆士·奈史密斯博士发明的。

答案：√

防守快攻的方法有：

(1) 减少进攻中的失误。

(2) 积极掷抢前场篮板球。

(3) 堵截快攻第一传和破坏对方的接应。

(4) 控制对方快攻的推进速度。

(5) 防守对方的快下队员。

(6) 提高个人防守能力，利用防守假动作，增强以少防多的战术训练。

4. 堵截快攻第一传和破坏对方的接应也是防守快攻的方法。

答案：√

5. 提高个人防守能力，利用防守假动作，增强以少防多的战术训练也是防守快攻的方法。

答案：√

篮球比赛场地是一块长方形，平坦且无障碍物的坚实平面。尺寸为长28米，宽15米。球为圆形，充气后，周长为74.9～78厘米，重量为567～650克。

6. 篮球比赛场地是 块长方形，平坦且无障碍物的坚实平面。尺寸为长28米，宽15米。球为圆形，充气后，周长为74.9～78厘米，重量为567～650克。

答案：√

篮球比赛由4节组成，每节10分钟，如果第4节比赛结束时两队比分相等，则需要一个或多个5分钟的决胜期来继续比赛，直至分出胜负为止。

7. 篮球比赛由4节组成，每节10分钟，如果第4节比赛结束时两队比分相等，则需要一个或多个5分钟的决胜期来继续比赛，直至分出胜负为止。

答案：√

排球运动是由参加运动的人，以身体的任何部位相互在空中击球，使球不落地，既可隔网进行比赛，也可不设球网进行击球游戏的一种体育项目。

8. 排球运动是由参加运动的人，以身体的任何部位相互在空中击球，使球不落地，既可隔网进行比赛，也可不设球网进行击球游戏的一种体育项目。

答案：√

以娱乐或游戏方式，参与人数有特殊规定，主要以健身为目的，在国际上还没有统一竞赛规则的运动形式统称为娱乐排球，如软式排球、气排球、草地排球、墙排球等。

9. 以娱乐或游戏方式，参与人数有特殊规定，主要以健身为目的，在国际上还没有统一竞赛规则的运动形式统称为娱乐排球，如软式排球、气排球、草地排球、墙排球等。

答案：√

排球比赛场地长 18 米，宽 9 米，中间用球网隔开。两队各 6 名队员各占一边进行比赛。男子网高 2.43 米，女子网高 2.24 米。

10. 排球比赛场地长 18 米，宽 9 米，中间用球网隔开。两队各 6 名队员各占一边进行比赛。男子网高 2.43 米，女子网高 2.24 米。

答案：√

犯规：

(1) 连击：比赛过程中，一名队员连续击球两次或球连续触及其身体的不同部位，为连击犯规。

(2) 持球：比赛过程中，队员没有将球击出，造成接住或抛出为持球犯规。

(3) 触网：比赛过程中，身体触及球网，为触网犯规。

(4) 越过中线：比赛过程中，一方队员整脚或身体任何部分越过中线触及对方场区，为过中线犯规。

(5) 位置错误：当发球队员击球时，如果队员不在其正确位置上，则构成位置错误犯规。

(6) 拦发球：对方发球时禁止拦网。

11. 比赛过程中，一方队员整脚或身体任何部分越过中线触及对方场区，为过中线犯规。

答案：√

12. 当发球队员击球时，如果队员不在其正确位置上，则构成位置错误犯规。

答案：√

软式排球的球有充气式和免充气式两种。软式排球的突出特点是球柔软质量轻，飞行速度慢，使接球的难度减小，来回球次数较多，从而增加了趣味性。

13. 软式排球的球有充气式和免充气式两种。软式排球的突出特点是球柔软质量轻，飞行速度慢，使接球的难度减小，来回球次数较多，从而增加了趣味性。

答案：√

沙滩排球参赛队员为两名，而不是室内排球的每队 6 名队员，它是在沙滩上进行比赛，比赛采用三局两胜制，每局比分 15 分，只有领先两分才算获胜，每局 17 分封顶。

14. 沙滩排球参赛队员为两名，而不是室内排球的每队 6 名队员，它是在沙滩上进行比赛，比赛采用三局两胜制，每局比分 15 分，只有领先两分才算获胜，每局 17 分封顶。

答案：√

乒乓球集健身性、娱乐性、竞技性、调节性等为一体，深受广大群众喜爱，在我国被誉为“国球”。

15. 乒乓球集健身性、娱乐性、竞技性、调节性等为一体，深受广大群众喜爱，在我国被誉为“国球”。

答案：√

乒乓球场地：应不小于14米长、7米宽、5米高，应有75厘米高的深色挡板围起。光源距地面不得少于5米。从台面高度测得的照明度不得低于1000勒克斯，四周应为暗色。

16. 乒乓球场地：应不小于14米长、7米宽、5米高，应有75厘米高的深色挡板围起。光源距地面不得少于5米。从台面高度测得的照明度不得低于1000勒克斯，四周应为亮色。

答案：×

乒乓球世界锦标赛比赛项目有男（女）子团体、男（女）子单打、男（女）子双打、混合双打。所有冠军奖杯都是流动的，获胜者只在奖杯上刻上国名或运动员人名，将奖杯保留到下届世乒赛前，在新一届比赛开始前交出。

17. 乒乓球世界锦标赛所有冠军奖杯都是流动的，获胜者只在奖杯上刻上国名或运动员人名，将奖杯保留到下届世乒赛前，在新一届比赛开始前交出。

答案：√

羽毛球发球方法从握拍方法和发球姿势上，分为正手发球和反手发球；从球的飞行角度和距离上，分为高远球、平高球、平快球和网前球。

18. 羽毛球发球方法从握拍方法和发球姿势上，分为正手发球和反手发球；从球的飞行角度和距离上，分为高远球、平高球、平快球和网前球。

答案：√

下列情况为羽毛球死球：球撞网并挂在网上，或停在网顶；球撞网或网柱后开始在击球者这一方落向地面；球触及地面。

19. 下列情况为羽毛球死球：球撞网并挂在网上，或停在网顶；球撞网或网柱后开始在击球者这一方落向地面；球触及地面。

答案：√

羽球落在边界线上认为在界内；发球过程中球触网，如果落在发球区内，此球有效；除发球外，球过网后挂在网上或停在网顶，应重发球；发球员在接发球员未做好准备时发球，应重发球。

20. 羽球落在边界线上认为在界内。

答案：√

21. 发球过程中球触网，如果落在发球区内，此球有效。

答案：√

22. 除发球外，球过网后挂在网上或停在网顶，应重发球。

答案：√

23. 发球员在接发球员未做好准备时发球，应重发球。

答案：√

网球与高尔夫球、保龄球、桌球并称为世界四大绅士运动。

24. 网球与高尔夫球、保龄球、桌球并称为世界四大绅士运动。

答案：√

S球——S球就是指对局双方中一方发球，球落在有效区内，但另一方却没有触及到球而使之直接得分的发球，又可分为内角S球，和外角S球。

出界（OUT)——球没有打在场地的有效部位。单打时的有效部位是靠内的两条竖线之间的空间，而双打时则是靠外的两条竖线之间的区域。

擦网（NET)——在发球时擦网被判为犯规需要重发，而在正常的比赛过程中则会被视为运气球，因为通常球在擦网后会改变飞行方向，令对手防不胜防。

穿越球——指一方上网截击，当对方打出一个速度很快的回球并落在界内得分，而上网的一方没能触到球。

25. S球就是指对局双方中一方发球，球落在有效区内，但另一方却没有触及到球而使之直接得分的发球，又可分为内角S球，和外角S球。

答案：√

26. 出界：球没有打在场地的有效部位。单打时的有效部位是靠内的两条竖线之间的空间，而双打时则是靠外的两条竖线之间的区域。

答案：√

27. 擦网：在发球时擦网被判为犯规需要重发，而在正常的比赛过程中则会被视为运气球，因为通常球在擦网后会改变飞行方向，令对手防不胜防。

答案：√

28. 穿越球：指一方上网截击，当对方打出一个速度很快的回球并落在界内得分，而上网的一方没能触到球。

答案：√

1923年，国际网球联合会将澳大利亚网球公开赛、法国网球公开赛、温布尔登网球公开赛和美国网球公开赛定为四大世界性公开赛，俗称四大满贯赛。

29. 1925年，国际网球联合会将澳大利亚网球公开赛、法国网球公开赛、温布尔登网球公开赛和美国网球公开赛定为四大世界性公开赛，俗称四大满贯赛。

答案：×

网球常用的发球有三种：平击发球、切削发球和上旋发球，三者的动作结构基本是一致的。

30. 网球常用的发球有三种：平击发球、切削发球和上旋发球，三者的动作结构基本是一致的。

答案：√

高压球可分为：凌空高压球、落地高压球、前场高压球、后场高压球等几种。

31. 高压球可分为：凌空高压球、落地高压球、前场高压球、后场高压球等几种。

答案：√

一片标准的网球场地，占地面积应不小于670m^2，其中长23.77米、单打宽8.23米，双打宽10.97米。这片长方形的角逐场再用球网横隔成两个等区。

32. 一片标准的网球场地，占地面积应不小于670m^2，其中长23.77米、单打宽8.23米，双打宽10.97米。这片长方形的角逐场再用球网横隔成两个等区。

答案：√

网球场可分为室外和室内，且有各种不同的球场表面，主要分为：草地网球场、塑胶网球场和红土网球场。

33. 网球场可分为室外和室内，且有各种不同的球场表面，主要分为：草地网球场、塑胶网球场和红土网球场。

答案：√

第十一章　武　　术

武术，是以踢、打、摔、拿、击、刺等技击动作为素材，遵照攻守进退、动静疾徐、刚柔虚实等规律组成套路，或在一定条件下遵照一定的规则，两人斗智较力，形成搏斗，以此来增强体质、培养意志、训练格斗技能的体育运动。

1. 武术，是以踢、打、摔、拿、击、刺等技击动作为素材，以此来增强体质、培养意志、训练格斗技能。

答案：√

武术的内容丰富多彩，按其运动形式可分为两大类：套路运动，搏斗运动。

2. 武术的内容丰富多彩，按其运动形式可分为两大类：套路运动，搏斗运动。

答案：√

套路运动是以攻守进退、动静疾徐、刚柔虚实等矛盾运动的变化规律编成的整套练习形式，主要内容包括拳术、器械、对练、集体表演。

3. 集体表演是套路运动的主要内容之一。

答案：√

武术的特点：

(1) 寓技击于技术之中。

(2) 内外合一、形神兼备的民族风格。

(3) 广泛的适应性。

4. 内外合一、形神兼备的民族风格是武术的特点之一。

答案：√

武术的作用：

(1) 改善和增强体质。

(2) 提高防身自卫的能力。

(3) 磨炼意志，培养道德情操。

(4) 娱乐观赏，丰富文化生活。

5. 武术具有娱乐观赏，丰富文化生活的作用。

答案：√

肩臂练习主要是增进肩关节韧带的柔韧性，加大肩关节的活动范围，发展臂部力量，提高上肢运动的敏捷、松长、转环等能力，为学习和掌握各种拳、掌等手法提供必要的专项素质。主要练习方法有压肩、绕环、抡臂等。

(1) 压肩。

(2) 单臂绕环。

(3) 双臂绕环：①前后绕环；②左右绕环；③交叉绕环；④仆步抡拍。

6. 仆步抡拍是肩臂练习的练习方法之一。

答案：√

腿部练习主要发展腿部的柔韧性、灵活性和力量等素质。练习方法有压腿、搬腿、劈腿和踢腿等。

7. 搬腿是腿部练习的方法之一。

答案：√

手形手法练习是运用拳、掌、勾三种手形，结合上肢冲、架、推、亮等运动方法，操练上肢手法的基本动作。

(1) 手形：①拳；②掌；③勾。

(2) 手法：①冲拳；②架拳；③推掌；④亮掌。

8. 勾是手法练习的动作之一。

答案：×

步型和步法练习主要是增进腿部的速度和力量，以提高两腿移动转换的灵活性和稳固性。

(1) 步型。

① 弓步：弓右腿为右弓步，弓左腿为左弓步。

② 马步：马步不分左右。

③ 虚步：左脚在前为左虚步，右脚在前为右虚步。

④ 仆步：仆左腿为左仆步，仆右腿为右仆步。

⑤ 歇步：左脚在前为左歇步，右脚在前为右歇步。

⑥ 坐盘：左腿在前为左坐盘，右腿在前为右坐盘。

⑦ 丁步：左脚尖点地为左丁步，右脚尖点地为右丁步。

(2) 步法。①击步；②垫步。

9. 垫步属于步型练习之一。

答案：×

五种步型的组合练习（简称“五步拳”）动作：拗弓步冲拳、弹踢冲拳、马步架打、歇步盖打、提膝仆步穿掌、虚步挑掌。

10. 弓步撩掌是五步拳的动作之一。

答案：×

压腿的主要作用是拉长腿部的肌肉和韧带，加大髋关节的活动范围。压腿的方法有正压、侧压和后压三种。

(1) 正压腿。

(2) 侧压腿。

(3) 后压腿。

(4) 仆步压腿。

11. 压腿的主要作用是拉长腿部的肌肉和韧带，加大髋关节的活动范围。

答案：√

搬腿主要是增进腿部的柔韧性，加大髋关节的活动幅度，提高腿部上举力量。搬腿的方法有正搬、侧搬、后搬三种。

12. 搬腿主要是增进腿部的柔韧性，加大髋关节的活动幅度，提高腿部上举力量。

答案：√

第十二章　游　　泳

游泳运动包括游泳、跳水、水球和花样游泳 4 个项目，由于它们的技术和特点不同，已形成为独立的 4 个竞赛项目。符合竞赛规则的要求，以速度来决定名次的游泳称为竞技游泳。竞技游泳包括四种姿势：蛙泳、自由泳、仰泳、蝶泳。具有实用价值的游泳称为实用游泳，如踩水、潜泳、侧泳等。以增强体质、丰富人们文化生活为目的的游泳称为大众游泳，如体疗游泳、娱乐游泳等。

1. 跳水不是游泳运动的项目之一。

答案：×

2. 自由泳是竞技游泳的一个姿势。

答案：√

3. 潜泳是实用游泳的一个项目。

答案：√

4. 体疗游泳是大众游泳的项目之一。

答案：√

熟悉水性练习时，应选择在齐腰深的水中进行，重点练习呼吸和漂浮这两个动作。熟悉水性练习可按下面的步骤和方法进行。

(1) 水中行走练习。

(2) 水中闭气与呼吸练习。

(3) 水中漂浮与站立练习。

(4) 滑行练习。

5. 水中漂浮与站立练习是水性练习的第一个步骤。

答案：×

腿部动作是蛙泳推进力的主要来源之一。腿的动作可分为四部分，即收腿、翻脚、蹬夹水和滑行，应连贯地进行。

6. 滑行是蛙泳的腿部动作。

答案：√

随着蛙泳技术的改进和发展，现代蛙泳技术更加强调划水的重要作用。蛙泳手臂动作，由抓水、划水、收手和向前伸臂四个连贯动作所组成。蛙泳的划水路线从水下看像一个“倒心型”。

7. 蛙泳手臂动作，由抓水、划水、收手和向前伸臂四个连贯动作所组成。

答案：√

遇到有人溺水时应尽快报警并大声呼救，争取多人集体救助。救助者应在保证自身安全的前提下尽快采取救助措施实施救助。

(1) 救助者可利用竹竿、救生圈、救生板、绳索等进行救助。

(2) 在没有救助器材或救助器材无法有效救助溺水者时，应采用下水对溺水者抢救的方法。下水救助时应根据溺水者距岸边的距离、水情、溺水者神态，及时采取接近、拖运措施胸外心脏按压，两手叠放，十指相扣下压。下压要用力均匀。按压速度每分钟 60～80 次。

为了争取时间，岸上急救应抓住主要环节进行处理，可以同时用几个方法进行抢救。

8. 遇到有人溺水时应尽快报警并大声呼救，争取多人集体救助。救助者应在保证自身安全的前提下尽快采取救助措施实施救助。

答案：√

将溺水者救上岸后，要尽快进行急救处理。轻度溺水者，先清除口中杂草和呕吐等脏物，使呼吸畅通，接着对溺水者进行排水。对已经昏迷、呼吸很弱或刚停止呼吸的溺水者，应立即进行人工呼吸。做人工呼吸时，首先要清除溺水者口中的污物，保持气道通畅。然后用拇指和食指按住其鼻子，吸足气，口对口慢慢持续吹气，同时放开捏着的鼻，每分钟约做30次左右。

9. 轻度溺水者，先清除口中杂草和呕吐等脏物，使呼吸畅通，接着对溺水者进行排水。

答案：√

练习游泳有时会发生肌肉痉挛、呛水，因此我们应该了解和掌握一些处置知识，进行自我保护，防止发生意外。

(1) 手指痉挛。将手指握成拳头，然后再用力张开，这样迅速交替做几次，直到解脱。

(2) 手掌痉挛。用手掌将痉挛的手掌用力向下压，直到抽筋现象消除为止。

(3) 上臂痉挛。握拳并尽量屈肘，然后用力伸直，反复进行。

(4) 小腿或脚趾痉挛。先深吸一口气，仰浮在水中，用抽筋肢体对侧的手握住抽筋痉挛的腿的脚趾，并用力向身体方向拉，同时用另一手掌压在抽筋膝盖上，帮助小腿伸直，使痉挛现象消除。

10. 上臂痉挛后，应该握拳并尽量屈肘，然后用力伸直，反复进行。

答案：√

第十三章　健美操与健美

体操是通过徒手、持轻器械或在器械上完成不同类型与难度的单个动作、组合动作或成套动作，充分挖掘人的潜能，表现人的控制能力，并具有一定的艺术要求的体育项目。

目前体操主要包括以下内容：队列队形练习、徒手体操、轻器械体操、技巧运动、器械体操、跳跃、实用类体操、自由体操。

根据体操的目的与任务，可以将体操分为基本体操、竞技性体操和表演性体操3大类。

基本体操：以增强体质、促进身体全面发展、培养人体基本活动能力及提高基本运动技能为目的的体操练习都属于基本体操的范畴。基本体操包括队列队形、徒手体操、轻器械体操、器械体操的简易练习、专门器械体操和生活技能体操等。

竞技性体操：指所有以争取竞赛胜利为目的的体操项目，包括竞技体操、健美操、蹦床、艺术体操和技巧等。

表演性体操：包括团体体操和舞台体操。

1. 根据体操的目的与任务，可以将体操分为基本体操、艺术体操和表演性体操3大类。

答案：×

2. 以增强体质、促进身体全面发展、培养人体基本活动能力及提高基本运动技能为目的的体操练习都属于基本体操的范畴。

答案：√

3. 竞技性体操：指所有以争取竞赛胜利为目的的体操项目，包括竞技体操、团体体操、健美操、蹦床、艺术体操和技巧等。

答案：×

4. 所有以争取竞赛胜利为目的的体操项目都属于竞技性体操。

答案：√

艺术体操是在音乐伴奏下进行的徒手或手持轻器械，以自然性动作为基础体现较强的韵律性和节奏感的体育运动项目。所以，艺术体操是女子体育教育的重要组成部分，也是进行美育教育的一种有效手段。

5. 艺术体操是女子体育教育的重要组成部分，也是进行美育教育的一种有效手段。

答案：√

艺术体操与其他体操项目相比，动作内容更符合女子的生理和心理特点，是以具有优美性和艺术性为其主要特征的。艺术体操具有以下三个特点：

(1) 艺术体操是以节奏为中心，以自然性动作为基础的有节奏运动。

(2) 艺术体操必须合理地运用轻器械。

(3) 艺术体操必须有音乐伴奏。

音乐伴奏是艺术体操的灵魂、动作优美是艺术体操的表现风格、节奏和韵律是艺术体操的基本运动形式、器械运动是艺术体操的主要练习形式。

根据不同的目的、任务，可把艺术体操分为一般性艺术体操和竞技性艺术体操两大类。

6. 艺术体操是以节奏为中心，以自然性动作为基础的有节奏运动。

答案：√

7. 根据不同的目的、任务，可把艺术体操分为一般性艺术体操和表演性艺术体操两大类。

答案：×

8. 音乐伴奏是艺术体操的灵魂、动作优美是艺术体操的表现风格、器械运动是艺术体操的基本运动形式、节奏和韵律是艺术体操的主要练习形式。

答案：×

健美操是体育与艺术相结合产物。突出体现在以下几方面：

(1) 具有较强的艺术性和健美性。

(2) 内容丰富，动作的整体性强。

(3) 持续运动，对心血管机能有突出作用。

(4) 具有较强的针对性和广泛的适应性。

(5) 健美操是人体有节奏的运动。

(6) 健美操具有塑身减肥的作用。

(7) 缓解精神压力，娱乐身心。

9. 健美操具有较强的针对性和广泛的适应性，是以自然性动作为基础的有节奏运动。

答案：×

从目前健美操运动的发展来看，健美操已经形成了两大分支三个体系，两大分支是指大众健美操和竞技健美操，三大体系是指健美操的教学体系、训练体系和指导体系。

10. 从目前健美操运动的发展来看，健美操两大分支是大众健美操和竞技健美操。

答案：√

根据当今健美操的发展状况和未来的发展趋势，按照不同的目的和任务，健美操可分为健身性健美操，表演性健美操和竞技性健美操三大类。

健身性健美操是按照有氧练习的要求而进行，其练习的主要目的是“锻炼身体，保持健康”，其中包括徒手健美操、轻器械健美操、特殊场地健美操等。健身健美操动作简单，实效性强，动作以对称形式重复出现，节奏较慢，严格遵循“健康，安全”原则，在保证安全的基础上，保证运动量的适宜刺激达到锻炼身体的目的。

健美操的基本技术包括弹动技术、落地缓冲技术和身体控制技术。所有这些技术是为了保证练习的安全性。

健美操的基本步伐是组成健美操的基础，所有的基本动作可按冲击力分为三种：无冲击力动作、低冲击力动作和高冲击力动作，许多低冲击力动作同时也可做成高冲击力动作。而根据动作完成形式的不同，我们又将基本步伐分类五类：交替类；迈步类；点地类；抬腿类；双腿类。

11. 健美操可分为健身性健美操，艺术性健美操和竞技性健美操三大类。

答案：×

踏板操的特点：

(1) 有效提高心率，增进健康。

(2) 安全性好，减少运动损伤。

(3) 动作变化多，娱乐性强。

(4) 提高运动能力，有效塑身。

踏板操主要有三大基本技术：重心移动、缓冲及身体的控制。

缓冲技术是踏板操，甚至是有氧健身练习的基础技术。合理的缓冲技术能够保证身体的安全。缓冲可以通过两种途径来实现：①增加缓冲的距离；②积极主动的退让。

踏板动作包括板上动作、板下动作、上下板连接动作。独立的上板下板动作都是健美操基本动作及其变形。

12. 缓冲技术是踏板操，甚至是有氧健身练习的基础技术。

答案：√

13. 踏板动作包括板上动作、板下动作、上下板连接动作。独立的上板下板动作都是健美操基本动作及其变形。

答案：√

健美运动的特点：

(1) 将体育和美育融为一体。

(2) 能最有效地发达肌肉。

(3) 设备简单，易于开展。

(4) 练习方式方法灵活、机动、多样，男女老少皆宜。

14. 练习方式方法灵活、机动、多样，男女老少皆宜是健美运动的特点之一。

答案：√

健美运动的健身价值：

(1) 发达肌肉，增长力量。

(2) 增进健康，增强体质。

(3) 改善体形体态。

(4) 提高神经系统机能。

(5) 调节心理活动，陶冶美好情操。

15. 提高神经系统机能是健美运动的健身价值之一。

答案：√

第十四章　极限运动

极限运动以它极具娱乐性、刺激性、挑战性，崇尚自然以及大众化等特点，迅猛发展成为21世纪的“新人类运动”。

1. 极限运动以它极具娱乐性、新奇性、刺激性、挑战性，崇尚自然以及大众化等特点，迅猛发展成为21世纪的“新人类运动”。

答案：×

野生生存装备的选择：背包、睡袋和帐篷、鞋子、药品、照明用品等。

野外生存意外事故：毒蛇、昆虫咬伤、外伤出血、骨折或脱臼、食物中毒。

2. 当发生骨折或脱臼时，应立即将伤者送往医院。

答案：×

漂流过程要用的服装：防水上衣、水上运动头盔、漂流手套、收口包、漂流靴。

漂流注意事项：漂流时不要做危险动作、漂流船通过险滩时要听从船工的指挥、漂流过程中注意沿途的箭头及标识。

3. 漂流过程中注意沿途的箭头及标识，这样可以提前警觉跌水区，有利于人身安全。

答案：√

三点固定法：即在双手、双脚握（或蹬）牢3个支点的条件下才能移动第4点。

攀岩运动的特点：

(1) 在不同高度和角度的岩壁上完成腾挪、转体、窜跳、引体等惊险的技术动作。

(2) 集竞技、娱乐、休闲为一体的勇敢者运动。

(3) 对培养人的顽强意志、体力和思维能力有着积极的作用。

结绳技术是运用打结使绳索之间、绳索与其他装备之间互相连接的方法。它包括：固定绳结、接绳绳结、保护绳结和操作绳结四种。

4. 结绳技术是运用打结使绳索之间、绳索与其他装备之间互相连接的方法。它包括：固定绳结、连接绳结、保护绳结和操作绳结四种。

答案：×

登山前的准备：登山路线的确定、登山前的计划与准备。

登山前的计划与准备，包括身体准备、心理准备、拟定时间和团队计划等。

5. 上山容易下山难，所以上山时不宜赶速度，下山也切忌走得太快以防绊脚摔滚。

答案：√

传统三项划水运动：花样滑水、回旋滑水、跳跃滑水。

6. 传统三项划水运动包括花样滑水、跪板划水、跳跃滑水。

答案：×

第四部分

填　　空

第一章 大学体育

体育教育是指通过身体活动，增强体质和健康，传授锻炼身体的知识和方法，培养道德和意志品质的有目的、有计划、有组织的教育过程。

1. 体育，亦称体育教育，是指通过身体活动，增强体质和健康，传授锻炼身体的知识和方法，培养道德和意志品质的_______、_______、_______的教育过程。

答案：有目的，有计划，有组织

体育运动是以身体练习为基本手段，以全面发展身体、增进健康、增强体质、提高运动技术水平、丰富社会生活为目的的一种社会活动，也是一种社会现象。

2. 体育运动是一种有意识、有组织的_______、也是一种_______。

答案：社会活动，社会现象

竞技运动的特点有：竞争性、技艺性、公认性、国际性。

3. 竞技体育的特点：_______、_______、_______、_______。

答案：竞争性，技艺性，公认性，国际性

体育锻炼是指运用各种身体练习，结合自然力和卫生因素，以健身、防病治病、娱乐为目的的身体活动。

4. 体育锻炼的目的是____________。

答案：健身、防病治病、娱乐

广义体育由三部分组成：体育教育、竞技运动、身体锻炼和身体娱乐。

5. 广义体育的组成部分是____________________。

答案：狭义体育、竞技运动、身体锻炼和身体娱乐

体育教育是指通过身体活动，增强体质和健康，传授锻炼身体的知识和方法，培养道德和意志品质的有目的、有计划、有组织的教育过程。

6. 体育教育的目的是________________。

答案：增强体质与健康，传授锻炼身体的知识和方法，培养道德和意志品质

广义体育由三部分组成：体育教育、竞技运动、身体锻炼和身体娱乐。

竞技运动是指在最大限度地挖掘和发挥个人或集体在体能、心理、智力等方面潜力的基础上，达到提高竞技能力水平，以创造优异运动成绩为目的的训练和竞赛。

7. 竞技运动的目的是______________。

答案：提高竞技运动水平、创造优异成绩

身体锻炼和身体娱乐的特点有：群众性、灵活性、多样性、自愿性、娱乐性。

身体锻炼和身体娱乐的目的是增进健康、休闲娱乐。

身体锻炼和身体娱乐的主要形式和方法是自我锻炼和自我娱乐。

8. 身体锻炼身体娱乐特点的是____________________。

答案：群众性、灵活性、多样性、自愿性、娱乐性

社会需要是体育产生和发展的基础。

生存需要是体育产生的动因。

人类需要层次的提高推动体育的发展。

9. 体育产生的动因＿＿＿＿＿＿。

答案：生存需要

身体锻炼和身体娱乐的特点有：群众性、灵活性、多样性、自愿性、娱乐性。

身体锻炼和身体娱乐的目的是增进健康、休闲娱乐。

身体锻炼和身体娱乐的主要形式和方法是自我锻炼和自我娱乐。

10. 身体锻炼身体娱乐的主要形式＿＿＿＿＿＿。

答案：自我锻炼、自我娱乐

竞技运动是指在最大限度地挖掘和发挥个人或集体在体能、心理、智力等方面潜力的基础上，达到提高竞技能力水平，以创造优异运动成绩为目的的训练和竞赛。

竞技运动的特点有：竞争性、技艺性、公认性、国际性。

竞技运动的主要形式和方法是运动训练和运动竞赛。

11. 竞技运动的主要形式和方法＿＿＿＿＿＿。

答案：运动训练、运动竞赛

体育锻炼是增强人类体质的有效手段。

体育锻炼是以健身、防病治病、娱乐为目的的身体活动。

体育锻炼的主要形式是自我锻炼。

12. 体育锻炼是＿＿＿＿＿＿的有效手段。

答案：增强人类体质

体育运动能促进人的心理健康、提高人的智力水平、预防和治疗某些疾病。

13. 体育运动能带来的好处＿＿＿＿＿＿。

答案：促进人的心理健康、提高人的智力水平、预防和治疗某些疾病

体育作为社会文化对人社会化的影响；

体育是传授生活技术、技能的重要手段；

体育潜移默化地教导人们遵守社会规范；

体育群体中角色的担任有利于适应不同的社会角色。

14. 体育具有＿＿＿和＿＿＿的双重性。

答案：自然的，社会的

体育对人类社会发展的作用：促进人类的健康、促进人的社会化、促进社会经济的发展。

增强体质增进健康的作用是体育根本性质的体现。

体育对人类健康的作用主要体现在身体和心理两个方面。

15. 体育对人类健康的作用体现在＿＿＿和＿＿＿上。

答案：身体，心理

体育是素质教育的重要内容，又是素质教育的手段。

素质教育的重要内容和目的是提高人才素质。

素质教育是当今社会的主流教育方式，身体、心理是素质教育重要的组成部分，体育是素质教育的主要内容。

16. 素质教育的重要组成部分是＿＿＿＿＿＿。

答案：身体、心理

素质包括：思想道德素质、劳动技能素质、身体心理素质。

素质教育的核心是培养学生的创新能力和实践能力。

17. 素质教育的基本要义：________________。

答案：面向全体、全面发展、主动发展

大学体育学习应具备的理念：树立健康第一思想、符合素质教育要求、奠定终身体育基础。

18. 学校体育应突出______的指导思想，要强调____________________的意识。

答案：健康第一；体育是手段，健康是目的，体育为健康服务

体育对社会经济发展的促进：体育是提高劳动者身体素质的重要手段、体育产业已是国民经济重要的组成部分、体育消费的兴起带动经济的增长。

19. 随着______________________，体育消费将成为消费热点。

答案：社会经济的发展，人们收入的提高，需求层次的提升

大学体育学习过程中需要达到的目标：运动参与目标、运动技能目标、身体健康目标、心理健康目标、社会适应目标。

20. 大学生通过体育课程应努力达到以下目标：____________________。

答案：运动参与目标、运动技能目标、身体健康目标、心理健康目标、社会适应目标

大学体育学习的目标：掌握体育和健康的基本知识，提高体育活动的能力；养成坚持锻炼身体的习惯，形成健康的行为生活方式；培养自身的道德修养、合作精神和坚强毅力。

运动技能目标：熟练掌握两项以上健身运动的基本方法和技能、能科学的进行体育锻炼，提高自己的运动能力、掌握常见运动创伤的处置方法。

社会适应目标：表现出良好的体育道德和合作精神；正确处理竞争与合作的关系。

21. 怎样才能达到大学体育课程中的社会适应目标____________________。

答案：表现出良好的体育道德和合作精神；正确处理竞争与合作的关系

大学体育学习主要途径：体育课程、课余体育活动。

课余体育的特点：灵活性、开放性、综合性、趣味性、自主性。

22. 课余体育的特点：____________________。

答案：灵活性、开放性、综合性、趣味性、自主性

竞技运动的特点有：竞争性、技艺性、公认性、国际性。

23. 体育锻炼是人体未来发展过程中__________的因素。

答案：最积极、最有效

体育锻炼的作用：可以改变人的形态结构、可以提高人体的生长发育水平、可以提高人的智力水平、有利于人体某些遗传性状的变异。

课余体育包括早操、课间操、班级体育活动、课余训练、课余竞赛、校外体育等。

体育运动是体育教育、竞技运动、身体锻炼和身体娱乐的总称。

24. 课余体育包括____________________。

答案：早操、课间操、班级体育活动、课余训练、课余竞赛、校外体育等

第二章　健　　康

健康是人类生存和发展最基本的条件，也是创造社会物质文明和精神文明的基础。

1. 健康是人类生存和发展________的条件，也是创造社会__________的基础。

答案：最基本，物质文明和精神文明

影响健康的因素多种多样，在诸多因素中，体育锻炼对健康的影响最为活跃。

2. 影响健康的因素多种多样，对健康的影响最活跃的是__________。

答案：体育锻炼

著名体育教育学家马约翰教授的健康思想是：运动是健康的源泉。

泰戈尔有句名言：生命在于运动。

教育部部长周济在第七届大学生运动会上，对大学生提出：以人为本，健康第一，终身体育。

3. 教育部部长周济在第七届大学生运动会上，对大学生提出____________的口号。

答案：以人为本，健康第一，终身体育

健康是一个动态的理念。健康不仅仅是没有病和不虚弱，而且是身体上、心理上和社会适应能力上三方面的完美状态。这就是三维健康观。

随着医学、自然科学的发展，社会的进步等，人们对健康的认识提高到了一个崭新的水平，人们认为"健康不仅仅是躯体没有疾病，而且还应具备心理健康、社会适应良好和道德健康"。这就是四维健康观。

4. 健康是一个动态的理念。随着社会的发展先后出现的两种健康理念是：____________。

答案：三维健康观、四维健康观

5. 四维健康观体现在四个方面，即：____________________。

答案：躯体没有疾病、心理健康、社会适应良好和道德健康

健康的指标是评价人们健康水平、健康教育工作计划和健康教育措施效果的依据。健康不仅是主观状态，而且是客观事实。

6. 健康不仅是_______状态，而且是_______现实。

答案：主观，客观

个人健康评价：形态方面、生理功能方面、身体素质方面、心理方面、社会方面、疾病状况。

健康测量是对人体健康实施的描述，健康评价是对健康测量结果的判断。

7. 个人健康评价主要包括：____________________。

答案：形态方面、生理功能方面、身体素质方面、心理方面、社会方面、疾病状况

健康测量就是运用定量和定性的方法，对人体生长发育水平、生理和心理状态及对社会的适应能力进行测定。健康评价是根据可靠有效的评价理论、评价标准和方法对受试者的健康状况作出判断。健康测量与健康评价，既有联系又有区别。健康测量是对人体健康实施的描述，健康评价是对健康测量结果的判断。(8、9)

8. 健康测量就是运用定量和定性的方法，对__________________________进行测定。

答案：人体生长发育水平、生理和心理状态及社会的适应能力

9. 健康评价是根据可靠有效的________对受试者的健康状况作出判断。

答案：评价理论、评价标准和方法

10. 作为一个大学生，心率每分钟______左右、每天体温波动不超过______是正常的。

答案：72下，1摄氏度

影响健康的因素：人体的生物学因素、环境因素、行为与生活方式因素、社会保健制度因素。

11. 影响健康的因素：__________。

答案：人体的生物学因素、环境因素、行为与生活方式因素、社会保健制度因素

在影响和制约人体健康的诸多生物学因素中，主要有遗传和心理的两种因素。

后代形成和亲代相似的多种特征称遗传特征。

心理因素和身心健康的关系可以从以下三个方面来分析：消极的心理因素能引起许多疾病、积极的心理状态是保持和增进健康的必要条件、心理因素在治疗中的作用。

12. ________的多种特征称遗传特征。

答案：后代形成和亲代相似

亚健康（Sub-health）概念首先是由前苏联学者于20世纪80年代提出的。

由于人们习惯上把健康称作是第一种状态，患病称为第二种状态，因此把这种非患病、非健康的中间状态又称为"第三状态"，也称灰色状态、病前状态、亚临床期、临床前期、潜病期等。

13. 人们习惯上把健康称作是________，患病称为________，亚健康状态称作________。

答案：第一状态，第二状态，第三状态

国内外研究表明，现代社会完全符合健康标准的人大约只有15%，属于有疾病在身的人大约有15%，其余近70%的人都处在不同程度的亚健康状态。

处于亚健康状态的人精力衰竭、抵抗力减弱、工作效率低。主要原因是成年累月积聚起来的工作和生活压力得不到有效的缓解而造成的。

14. 亚健康状态又称第三状态，也称__________。

答案：灰色状态、病前状态、亚临床期、临床前期、潜病期等

我国亚健康人群处在的区域不同，其引起的亚健康状态的形式也不尽相同。

亚健康的证候特点：身体疲劳减少、脑力疲劳增多、精神疲劳严重。

亚健康的起因：过度疲劳造成的精力、体力透支、人的自然衰老、现代身心疾病，如心脑血管病、肿瘤等疾病的前期、人体生物周期中的低潮时间。

15. 亚健康的症候特点：__________。

答案：亚健康的证候特点：身体疲劳减少、脑力疲劳增多、精神疲劳严重

亚健康的临床特征及对生活的影响：失眠或嗜睡、健忘、食欲不振、性欲低下、烦躁不安、抑郁或消沉、焦虑不安、疲乏无力、头晕心悸气短、大小便问题、免疫功能下降等。

亚健康的防治方法：健康教育指导、生物医学治疗、心理行为干涉、重视预防保健。

16. 亚健康的临床特征及对生活的影响：________。（四个以上即可）

答案：失眠或嗜睡、健忘、食欲不振、性欲低下、烦躁不安、抑郁或消沉、焦虑不安、疲乏无力、头晕心悸气短、大小便问题、免疫功能下降等

健康教育指导是调控亚健康的重要方法之一。不正确、不科学的生活行为因素是导致亚

健康的重要原因，而不健康的生活方式的形成，主要是由于患者的卫生保健方面的知识缺乏所致。

心理预防干涉：

(1) 明确心理治疗、干预治疗的重要意义，结合健康教育进行。

(2) 针对焦虑不安、紧张情绪的特点，帮助解除顾虑，稳定情绪，树立信心，配合治疗。

(3) 倾听患者倾诉，引导患者陈述，宣泄心理、精神、情绪压力。

(4) 坚持治疗，定期跟踪随访，调整治疗方案，巩固成绩，提高疗效，预防复发。

重视预防保健：

(1) 提高自我保健意识，改变性格缺陷，宣泄心理压力，改变不良生活习惯，建立良好的生活规律，劳逸结合，张弛适度，休息充分。

(2) 适当进行体力劳动，劳逸结合。加强体育锻炼，保持适当体重，饮食有节，起居有常，不暴饮暴食，注意环境卫生，避免毒邪侵袭，做好特殊时期的卫生保健，如妇女月经期。

(3) 提高科学素养，科学地认识健康和疾病，提高社会适应能力和环境适应能力。

17. ____________是调控亚健康的重要方法之一。____________的生活行为因素是导致亚健康的重要原因。

答案：健康教育指导，不正确、不科学

生活方式是指人们长期受一定文化、民族、经济、社会、风俗，特别是家庭影响而形成的一系列生活习惯、生活制度和生活意识。

培养良好的健康行为：养成健康习惯、讲究心理卫生、持之以恒地进行体育锻、营养全面平衡、生活起居有规律。

健康行为是指一切有利于提高身体健康水平，降低损害健康的危险因素的活动和习惯。

18. 生活方式是指人们长期受一定文化、民族、经济、社会、风俗，特别是家庭影响而形成的一系列__________________。

答案：生活习惯、生活制度和生活意识

三大营养素包括糖、脂肪和蛋白质，它们是构成机体组织和提供能量所必需的物质。微量营养素包括维生素和无机盐，它们的主要功能是维持细胞的功能。

19. 三大营养素包括__________，它们是构成机体组织和提供能量所必需的物质。

答案：糖、脂肪和蛋白质

20. 微量营养素包括____________，它们的主要功能是维持细胞的功能。

答案：维生素和无机盐

根据分子结构的简繁，糖可分为单糖（包括葡萄糖、半乳糖、果糖）、双糖（包括蔗糖、麦芽糖、乳糖）与多糖（包括淀粉、糖元与果胶）三类。

糖类对机体的主要营养功用是：

(1) 供给能量。

(2) 维持中枢神经机能。

(3) 调节脂肪代谢。

(4) 促进蛋白质的吸收利用。

(5) 保护肝脏。

(6) 构成机体重要物质。

21. 根据分子结构的简繁，糖可分为________________。

答案：单糖、双糖、多糖

脂肪按分子结构分为饱和脂酸和不饱和脂酸两类。不饱和脂酸又分为单不饱和脂酸与多不饱和脂酸。

脂肪对机体的主要营养功用是：

（1）储能和供能。

（2）构成机体组织。

（3）供给必需的脂肪酸。

（4）携带脂溶性纤维素，并促进其吸收利用。

（5）体内脂肪还有保护和固定器官的作用，皮下脂肪有保温作用。

22. 脂肪按分子结构分为__________两类。不饱和脂酸又分为__________。

答案：饱和脂酸和不饱和脂酸，单不饱和脂酸与多不饱和脂酸

蛋白质的营养功用有：

（1）蛋白质的基本作用是构成机体组织和修补组织。

（2）调节生理功能。

（3）供给热能。

蛋白质的结构单元是氨基酸，20 种不同的氨基酸头尾相连构成功能各异的蛋白质。人的机体能够合成 11 种氨基酸，不必从食物中摄取。另外 9 种机体不能合成的氨基酸称为必需氨基酸，需从食物中摄取。

23. 蛋白质的结构单元是氨基酸，人体中一共有______种氨基酸，其中______种人体可合成，______种人体不可合成。

答案：20，11，9

水是人体除氧以外赖以生存的最重要的物质。

水的营养功能有：

（1）构成人体组织。

（2）保证和参与物质的代谢过程。

（3）调节体温。

（4）体内物质的运输。

（5）保证腺体正常分泌。

成人体重的 1/3 是由水组成的，血液、脑脊液等含水量高达 90% 以上，肌肉神经含水 60%～80%，脂肪和骨骼含水 30% 以下。

24. 成人体重的 1/3 是由水组成的，血液、脑脊液等含水量高达______以上，肌肉神经含水__________，脂肪和骨骼含水 30%以下。

答案：90%，60%～80%

健康饮食的原则：平衡性原则、适当性原则、全面性原则、针对性原则。

营养适当是指人所摄取的各种营养成分之间的配比要合理，即在全面和均衡的基础上进行适当的饮食搭配。

25. 健康饮食的原则：________________。

答案：平衡性原则、适当性原则、全面性原则、针对性原则

体育锻炼对身体健康的作用

(1) 增强心脏和循环系统的功能，预防心血管病和中风。

(2) 改善呼吸系统的功能。

(3) 提高消化系统的功能。

(4) 增强运动系统的功能。

(5) 具有健脑功能。

26. 科学研究证明，体育锻炼对大脑中枢神经系统有良好的刺激作用，能______。(言之有理即可)

答案：改善大脑的供氧状况，可消除大脑疲劳，提高大脑的工作能力

体育运动对增强心理健康的主要作用可体现在以下几个方面：

(1) 增强自信心，体验成功感，克服自卑心理，促进个性心理的良性发展以及优良性格和气质的形成。

(2) 体育活动具有宣泄功能，在身体活动时你可以释放内心的压抑，忘却烦恼，同时也能给你带来身心上的愉悦。

(3) 提高适应能力。体育运动可以增强生理功能和抵抗力，进而提高对自然环境的适应能力，同时也可提高对社会环境的适应能力。

(4) 增强社会交往能力，改善人际关系。

(5) 参加体育活动可以培养积极向上、不怕艰苦、敢于挑战和顽强拼搏的意志品质。

(6) 体育锻炼能培养对自我、家庭、集体、社会的责任感。

锻炼心理学的大量研究表明，长期的身体锻炼能促进心理健康，治疗身心疾病。强壮的身体是健康的基础，而良好的心理是健康的源泉。

27. 长期的身体锻炼能促进心理健康，治疗身心疾病。______是健康的基础，而______是健康的源泉。

答案：强壮的身体，良好的心理

现代科学和实践已证明，体育锻炼在增强体质、促进健康的同时，还可以防病、治病、康复、保健，从而预防现代社会所带来的一些“文明病”，具有使人青春常在、延年益寿的功能。

体育锻炼对保健康复的作用：

(1) 预防骨裂。

(2) 防止高血压。

(3) 降低糖尿病发生的危险性。

(4) 控制体重与改善体型（减肥）。

(5) 保持身体活动能力。

(6) 减缓心理压力。

(7) 预防癌症。

28. 体育锻炼在______的同时，还可以______，从而预防现代社会所带来的一些“文明病”，具有使人青春常在、延年益寿的功能。

答案：增强体质、促进健康，防病、治病、康复、保健

各种营养物质的综合考察

29. 糖类分单糖、双糖、多糖。请每种类型糖类写出至少两种：______、______、______。

答案：葡萄糖、半乳糖、果糖，蔗糖、麦芽糖、乳糖，淀粉、糖元与果胶

第三章　心理健康

大学生的生理特征：

(1) 身体形态和机能发展迅速。

(2) 大脑神经系统发育成熟。

(3) 性成熟和性意识的觉醒。

1. 大学生的生理特征有________，________，________。

答案：身体形态和机能发展迅速；大脑神经系统发育成熟；性成熟和性意识的觉醒

大学生的心理特征：

(1) 敏锐的认识能力。

(2) 丰富而热烈的情绪。

(3) 自觉性和坚持性较强的意志力。

(4) 自我意识进一步发展。

2. 大学生的心理特征有________，________，________，________。

答案：敏锐的认识能力；丰富而热烈的情绪；自觉性和坚持性较强的意志力；自我意识进一步发展

世界卫生组织对健康的定义：健康不仅是指一个人没有疾病，而且是指有良好的身体和精神以及社会适应能力的状态。

3. 世界卫生组织对健康的定义：________________________。

答案：健康不仅是指一个人没有疾病，而且是指有良好的身体和精神以及社会适应能力的状态

大学生心理问题的诱因：

(1) 交际困难造成心理压力。

(2) 学习与生活的压力。

(3) 角色转换与适应环境。

(4) 对网络的依赖性。

(5) 情感危机。

(6) 就业压力。

(7) 家庭及外界环境的不利影响。

4. 大学生心理问题的诱因有________，________，________，________，________，________，________。

答案：交际困难造成心理压力；学习与生活的压力；角色转换与适应环境；对网络的依赖性；情感危机；就业压力；家庭及外界环境的不利影响

大学生的心理调适：

(1) 重新认识自我，找准在大学里的位置。

(2) 尽快熟悉环境，融入集体，多与人交往。

(3) 多参与体育活动。

(4) 重新给自己定位，寻找新的奋斗目标。

5. 大学生心理调适的方法有________，________，________，________。

答案：重新认识自我，找准在大学里的位置；尽快熟悉环境，融入集体，多与人交往；多参与体育活动；重新给自己定位，寻找新的奋斗目标

大学生以积极乐观的态度面对人生的具体表现：

(1) 树立正确的人生态度。

(2) 轻松满意的心境。

(3) 和谐的人际关系。

(4) 良好的个性，统一的人格。

(5) 适度的情绪，充分的理智。

6. 大学生以积极乐观的态度面对人生的具体表现有______，______，______，______，______。

答案：树立正确的人生态度；轻松满意的心境；和谐的人际关系；良好的个性，统一的人格；适度的情绪，充分的理智

疲劳按产生的原因可以分为脑力劳动疲劳和运动性疲劳两种类型。

7. 疲劳按产生的原因可以分为______和______。

答案：脑力劳动疲劳；运动性疲劳

脑力劳动疲劳可分为两种性质：一是生理疲劳；二是心理疲劳。

8. 脑力劳动疲劳可分为两种性质：一是______；二是______。

答案：心理疲劳；生理疲劳

预防脑力劳动疲劳：

(1) 科学用脑。

(2) 劳逸结合，保证睡眠。

(3) 遵循人体生物规律，调节身心负荷。

(4) 培养学习兴趣。

(5) 创造良好的学习环境。

9. 预防脑力劳动疲劳有______，______，______，______，______。

答案：科学用脑；劳逸结合，保证睡眠；遵循人体生物规律，调节身心负荷；培养学习兴趣；创造良好的学习环境

运动性疲劳大致可分为肌肉疲劳、神经疲劳和内脏疲劳。

10. 运动性疲劳大致可分为______，______，______。

答案：肌肉疲劳；神经疲劳；内脏疲劳

疲劳的程度一般可分为三度，即轻度疲劳、中度疲劳和过度疲劳。在体育运动中人体适应大运动所出现的疲劳现象与过度疲劳是有区别的，过度疲劳是一种病理状态。

11. 疲劳的程度一般可分为______，______，______。

答案：轻度疲劳；中度疲劳；过度疲劳

疲劳程度自我检查指标：轻度疲劳：睡眠、食欲良好，体力充沛，消除疲劳快，有继续锻炼的要求；中度疲劳：疲乏，睡眠不好，精神不振，食欲欠佳；过度疲劳：除疲乏、腿疼、心悸外，尚有头痛、恶心，甚至呕吐，肝部疼痛，心律不齐，失眠食欲减退，体重持续下降，厌烦运动，倦怠，易激动。

12. 疲劳程度一般可分为三度：分别为______，______，______。

答案：轻度疲劳；中度疲劳；过度疲劳

对大学生而言，心理健康的鉴别标准有：

(1) 个人与环境关系和谐。

(2) 自我了解，自我认识，自我接纳。

(3) 行为协调，人格完整。

13. 大学生心理健康的鉴别标准有：＿＿＿＿，＿＿＿＿，＿＿＿＿。

答案：个人与环境关系和谐；自我了解，自我认识，自我接纳；行为协调，人格完整

人格内在的协调，表现为认知能力，情绪反应和意志行为三方面的协调，需要、欲望与目标的协调，动机与行为的协调，行为与环境的协调。

14. 人格内在的协调，表现为＿＿＿＿，＿＿＿＿，＿＿＿＿。

答案：认知能力；情绪反应；意志行为

自我调控能力的形成：要在日常生活中，运用自我激励，自我督导，自我磨炼等方法，潜移默化地增强自身意志，提高竞争意识。

15. 在日常生活中，增强自我调控能力的方法有＿＿＿＿，＿＿＿＿，＿＿＿＿。

答案：自我激励；自我督导；自我磨炼

仲氏抑郁指数与抑郁症状的严重程度关系如下：指数 50% 以下为正常范围；指数在 50%～59% 为轻度抑郁；指数在 60%～69% 为中度抑郁；指数在 70% 及以上为重度至严重抑郁。

16. 仲氏抑郁指数在＿＿＿＿为正常范围；指数在＿＿＿＿为轻度抑郁；指数在＿＿＿＿为中度抑郁；指数在＿＿＿＿为重度至严重抑郁。

答案：50%以下，50%～59%，60%～69%，70%及以上

斯蒂文·威斯特精神柔软体操使精神和身体得到放松的方法介绍：

(1) 消除烦恼法。

(2) 愿望开发法。

(3) 把握现实法。

17. 斯蒂文·威斯特精神柔软体操使精神和身体得到放松的方法有＿＿＿＿，＿＿＿＿，＿＿＿＿。

答案：消除烦恼法；愿望开发法；把握现实法

抑郁症自我治疗的方法有：

(1) 善于认知。

(2) 自我暗示。

(3) 充分宣泄。

(4) 勤写日记。

(5) 寻找快乐。

(6) 广交朋友。

(7) 面对现实。

18. 抑郁症自我治疗的方法有＿＿＿＿，＿＿＿＿，＿＿＿＿，＿＿＿＿，＿＿＿＿，＿＿＿＿，＿＿＿＿。

答案：善于认知；自我暗示；充分宣泄；勤写日记；寻找快乐；广交朋友；面对现实

心理学知识可以使大学生更深刻地认识自己，达到自我认识，自我发展，自我完善。

19. 心理学知识可以使大学生更深刻地认识自己，达到＿＿＿＿，＿＿＿＿，＿＿＿＿。

答案：自我认识，自我发展，自我完善

神经系统是人体发育最早、最快、成熟最早的一个系统；生殖系统是人体最后成熟的一个系统。大学生由于性激素的作用，肌纤维变粗，身体逐渐结实强壮。身体各器官及生理功能迅速发展，特别是作为生理基础的消化系统、呼吸系统、循环系统等迅速发展，促进了身体内部机能的进一步健全。

20. 大学生身体各器官及生理功能迅速发展，特别是作为生理基础的________、________和________等迅速发展，促进了身体内部机能的进一步健全。

答案：消化系统、呼吸系统、循环系统

我国高校心理教育工作已经经过了导入期、探索期、起步期、推广期四个阶段，目前已步入全面发展期。

21. 我国高校心理教育工作已经经过了______、______、______、______四个阶段，目前已步入____________。

答案：导入期；探索期；起步期；推广期；全面发展期

运动性疲劳：在进行运动时，运动本身引起机体工作能力降低而难以维持运动输出功率的需要，但经过适当时候的休息又可以恢复的现象。

22. 运动性疲劳：________________________。

答案：在进行运动时，运动本身引起机体工作能力降低而难以维持运动输出功率的需要，但经过适当时候的休息又可以恢复的现象

第四章　体质健康

《国家学生体质健康标准》的测试项目：测试项目为六项，其中身高、体重、肺活量为必测项目，选测项目为三项：从50米跑、立定跳远中选测一项；男生从台阶试验、1000米跑中选测一项；女生从台阶试验、800米跑中选测一项；男生从坐位体前屈、握力中选测一项；女生从坐位体前屈、仰卧起坐和握力中选测一项。

1.《国家学生体质健康标准》的测试项目中必测项目有__________，__________，__________。

答案：身高，体重，肺活量

各个测试项目的得分之和为《国家学生体质健康标准》的最后得分，根据最后得分评定等级；90.0分以上为优秀，80.0分～89.9分为良好，60.0分～79.9分为及格、59.9分及以下为不及格。每学年评定一次成绩并记入《学生体质健康标准登记卡片》，学生毕业年级的等级评定，按毕业当年的成绩和其他学年平均成绩（各占50%）之和评定。学生达到《标准》良好等级及以上者，方可评为三好学生、获奖学金。对《标准》测试成绩不及格者，在本学年度准予补考一次，补考仍不及格，则学年评定成绩不及格。学生毕业时《标准》测试成绩达不到50.0分者，按结业或肄业处理。

2.《国家学生体质健康标准》的最后得分，根据最后得分评定等级：__________为优秀，__________为良好，__________为及格、__________为不及格。

答案：90.0分以上；80.0分～89.9分；60.0分～79.9分；59.9分及以下

身体运动素质是人体在运动中表现出来的速度、力量、耐力、柔韧、灵敏与协调的素质。

3. 身体运动素质是人体在运动中表现出来的______、______、______、______、______。

答案：速度、力量、耐力、柔韧、灵敏与协调

身体健康素质是与身体健康关系更加密切的一些要素，包括身体成分、心血管系统的功能、肌肉的力量和耐力以及柔韧性。

4. 身体健康素质是与身体健康关系更加密切的一些要素，包括__________、__________、__________以及__________。

答案：身体成分，心血管系统的功能，肌肉的力量和耐力，柔韧性

身高标准体重是指身高与体重两者的比例应在正常的范围。它通过身高与体重一定的比例关系，反映人体的围度、宽度和厚度以及人体的密度。是评价人体形态发育水平和营养水平及身体匀称度的重要指标。体重指数BMI = 身高（m）/体重（kg）^{2}

5. 身高标准体重通过__________，反映__________，评价__________。

答案：身高与体重一定的比例关系；人体的围度、宽度和厚度以及人体的密度；人体形态发育水平和营养善及身体匀称度

800米和1000米属于耐力跑测试，是一种评价心血管系统机能水平最简便的方法。耐力既是身体健康素质的组成部分之一，又是身体运动素质组成部分之一。肺活量是指在不限时间的情况下，一次最大吸气后再尽最大力量所呼出的气量，它是评价人体呼吸系统机能的一个重要指标。50米跑是国际上通用的测试项目，通过较短距离的高强度跑测试速度素质。速度素质的测试可以反映人体中枢神经系统的机能，也可综合反映人体的爆发力、灵敏度、

反应能力等素质。

6. 速度素质的测试可以反映__________的机能，也可综合反映__________等素质。

答案：人体中枢神经系统；人体的爆发力、灵敏度、反应能力

促使身体成分更加合理的锻炼方法：

(1) 要选择好适宜的运动方式。

(2) 保证每周的锻炼次数。

(3) 锻炼的强度是决定降体重计划能否实现的关键。

(4) 持续运动的时间对降低体重最为重要。

(5) 大肌肉群参与运动能够消耗更多的热量。

(6) 锻炼和控制饮食相结合。

7. 促使身体成分更加合理的锻炼方法：________；________；________；________；________；________。

答案：要选择好适宜的运动方式；保证每周的锻炼次数；锻炼的强度是决定降体重计划能否实现的关键；持续运动的时间对降低体重最为重要；大肌肉群参与运动能够消耗更多的热量；锻炼和控制饮食相结合

健身走的强度分类：

最慢速走：每分钟 60～70 步（每小时 2.5～3 公里）

慢速走：每分钟 70～90 步（每小时 3～4 公里）

中速走：每分钟 90～120 步（每小时 4～5 公里）

快速走：每分钟 120～140 步（每小时 5～6 公里）

最快速走：每分钟 140 步以上（每小时接近走 10000 步）

8. 健身走的强度分类：

最慢速走：________；慢速走：________；中速走：________；快速走：________；最快速走：________。

答案：每分钟 60～70 步（每小时 2.5～3 公里）；每分钟 70～90 步（每小时 3～4 公里）；每分钟 90～120 步（每小时 4～5 公里）；每分钟 120～140 步（每小时 5～6 公里）；每分钟 140 步以上（每小时接近走 10000 步）

靶心率是指通过有氧运动提高心血管循环系统的机能时有效而安全的运动心率。靶心率范围在 60% 与 80% 之间。最大心率 = 220 − 年龄。运动强度一定要控制靶心率的范围之内。

9. 靶心率：____________________。

答案：通过有氧运动提高心血管循环系统的机能时有效而安全的运动心率

发展和提高心血管循环系统功能的运动有：走步、慢跑、游泳、骑自行和其它一些持续性运动项目，如球类运动、体育舞蹈、爬山远足等。耐力素质的高低是心血管循环系统的重要标志。

10. 体育素质中，__________是心血管循环系统的重要标志。

答案：耐力素质的高低

最高重复次数 RM（Repetition Maximum）是表示能重复的最高次数，即进行某一重量的练习时，用连续练习的最大重复次数来衡量负荷的大小。RM 仅代表能最大重复多少次的重量，而不反映重量的绝对值。

不同 RM 和组数的力量练习对肌肉的影响：

强度	组数	练习效果
3RM～6RM	3～6	主要发展肌肉的绝对力量
8RM～12RM	3～6	主要发展肌肉的体积
18RM～20RM	4～6	主要发展肌肉的耐力

11. 最高重复次数是表示________________，即进行某一重量的练习时，________________。

答案：能重复的最高次数；用连续练习的最大重复次数来衡量负荷的大小

肌肉力量练习的效果与训练中的多种因素有关。主要的因素有三种：最高重复次数和组数、每组练习的间隔时间、每次练习的间隔时间。

12. 影响肌肉力量练习的效果的主要因素有：________，________，________。

答案：最高重复次数和组数；每组练习的间隔时间；每次练习的间隔时间

伸展练习可以有效地发展柔韧性，主要有三种形式：

(1) 主动或被动的静态伸展法。

(2) 主动或被动的弹性伸展法。

(3) 本体感受神经肌肉伸展法（PNF 法）。

13. 伸展练习可以有效地发展柔韧性，主要有三种形式________、________、________。

答案：主动或被动的静态伸展法；主动或被动的弹性伸展法；本体感受神经肌肉伸展法

体育锻炼处方是指根据每个准备从事体育锻炼的个体的身心状况而制定的一种定量化的周期性体育锻炼计划。它是由体育指导者针对体育锻炼参加者身体的医学诊断结果、运动经历和健康状况，依照体育锻炼的目的，为个体体育锻炼参加者制定的以体育锻炼项目运动负荷、时间及频度为内容的指导性方案。按体育锻炼的不同目的，体育锻炼处方可分为健身锻炼处方、健美锻炼处方、保健锻炼处方、康复锻炼处方等。体育锻炼处方由运动目的、运动项目、运动强度、运动时间、运动频度与运动时间带等要素组成。我国通常称体育锻炼处方为运动处方或健身运动处方。

14. 体育锻炼处方是由体育指导者针对体育锻炼参加者身体的________、________和________制定的指导性方案。

答案：医学诊断结果，运动经历，健康状况

按体育锻炼的不同目的，体育锻炼处方可分为健身锻炼处方、健美锻炼处方、保健锻炼处方、康复锻炼处方等。

15. 按体育锻炼的不同目的，体育锻炼处方可分为________，________，________，________。

答案：健身锻炼处方，健美锻炼处方，保健锻炼处方，康复锻炼处方

体育锻炼处方由运动目的、运动项目、运动强度、运动时间、运动频度与运动时间带等要素组成。

16. 体育锻炼处方由________、________、________、________、________、________等要素组成。

答案：运动目的，运动项目，运动强度，运动时间，运动频度，运动时间带

体育锻炼处方的制定一般包括三个环节：医学检查，制定处方，实施处方锻炼

17. 体育锻炼处方的制定一般包括三个环节：________，________，________。

答案：医学检查，制定处方，实施处方锻炼

体育锻炼处方临床检查。鉴定能否运动。检查内容为：

血压——安静时收缩压不超过 140 毫米汞柱，舒张压不超过 90 毫米汞柱。

心电图——采用一般诱导法，根据每尼素干塔进行诊断。

尿检——蛋白质和糖呈阴性。

胸部 X 光诊断——有无肺炎、肺结核、胸膜炎等。

血液检查——检查血红蛋白、血细胞比例，谷——草转氨酶（SGOT），谷——丙转氨酶（SGPT），血清乳酸脱氨酶（CDH），胆固醇，尿胆素原，血糖，以确诊是否患有贫血，确定肝功能、心肌、肾和糖代谢等是否异常。

18. 体育锻炼处方临床检查鉴定能否运动的检查内容有：____________，____________，____________，____________，____________。

答案：血压；心电图；尿检；胸部 X 光诊断；血液检查

制定运动处方的意义

（1）科学性好：指适用于不同体力水平的人，按本人靶心率坚持 6 周的锻炼（每次 20 分钟以上），即可提高耐力水平，起到事半功倍的效果。

（2）计划性强：目的明确，计划具体，锻炼得法，可提高兴趣，使锻炼者易于坚持。

（3）安全可靠性：可以科学地监控运动负荷和评定运动效果，防止因负荷过大出现事故，而负荷小又不起作用。

19. 制定运动处方的意义有：____________；____________；____________。

答案：科学性好；计划性强；安全可靠性

运动强度分级与心率

（1）极限强度（最大强度）：持续最大速度或最大力量（肌肉快速紧张的工作）在 10～30 秒的练习，心率在 190 次/分以上。

（2）次极限（次最大）强度：肌肉快速紧张的工作能持续 30 秒到 3 分钟左右的练习，心率在 170～190 次/分。

（3）大强度：肌肉紧张的工作持续 5～30 分钟左右的练习，心率在 150～170 次/分。

（4）中等强度：持续 30 分钟以上的周期性练习，心率在 130～150 次/分。

20. 运动强度分级与心率的关系：极限强度（最大强度）：____________________；次极限（次最大）强度：____________________；大强度：____________________；中等强度：____________________。

答案：持续最大速度或最大力量（肌肉快速紧张的工作）在 10～30 秒的练习，心率在 190 次/分以上；肌肉快速紧张的工作能持续 30 秒到 3 分钟左右的练习，心率在 170～190 次/分；肌肉紧张的工作持续 5～30 分钟左右的练习，心率在 150～170 次/分；持续 30 分钟以上的周期性练习，心率在 130～150 次/分

21. 根据《国家学生体质健康标准》，男生体重指数标准：低体重：____________；正常：________；超重：____________，肥胖：____________。

答案：≤17.8；17.9～23.9；24.0～27.9；≥28.0

第五章 科学健身

成年人每天约呼吸 1000 升空气，其重量约 13.6 千克。新鲜空气可以振奋精神，消除疲劳，提高学习和工作的效率，也能改善睡眠，提高基础代谢。

1. 成年人每天约呼吸________升空气，其重量约________千克。新鲜空气可以振奋精神，消除疲劳，提高学习和工作的效率，也能改善睡眠，提高基础代谢。

答案：1000，13.6

在气温超过 35℃，人就会因为大量出汗使体液减少而导致体内环境的改变，运动能力下降，甚至会出现痉挛、中暑等情况。

2. 在气温超过________，人就会因为大量出汗使体液减少而导致体内环境的改变，运动能力下降，甚至会出现痉挛、中暑等情况。

答案：35℃

人剧烈运动时，脉搏每分钟增至 150～200 次，心脏输出的血量可增加 5～6 倍，呼吸频率可达每分钟 40～50 次，通气量能增加到 70～120 升。

3. 人剧烈运动时，脉搏每分钟增至________次，心脏输出的血量可增加________倍，呼吸频率可达每分钟________次，通气量能增加到________升。

答案：150～200；5～6；40～50；70～150

饥饿时血糖的浓度本身就偏低，此时做剧烈运动更容易出现低血糖，再加上胃酸或冷空气的刺激会引起胃部痉挛，发生饥饿性腹痛。

4. 饥饿时血糖的浓度本身就偏低，此时做剧烈运动更容易出现________，再加上胃酸或冷空气的刺激会引起胃部痉挛，发生饥饿性腹痛。

答案：低血糖

在长跑过程中，往往有一段时间会胸部发闷，呼吸苦难，脉搏加快，肌肉酸痛，动作协调性被破坏，跑速减慢，甚至想中途停止运动。这种现象在运动生理学上叫做"极点"。

5. 在长跑过程中，往往有一段时间会胸部发闷，呼吸苦难，脉搏加快，肌肉酸痛，动作协调性被破坏，跑速减慢，甚至想中途停止运动。这种现象在运动生理学上叫做"________"。

答案：极点

极点出现后，通过有意识的加深呼吸，减慢跑速，放松身体，坚持下去，极点现象就会逐渐缓解与消失，动作协调有力，工作能力重新提高，这种现象运动生理学上称为"第二次呼吸"。

6. 极点出现后，通过有意识的加深呼吸，减慢跑速，放松身体，坚持下去，极点现象就会逐渐缓解与消失，动作协调有力，工作能力重新提高，这种现象运动生理学上称________。

答案：第二次呼吸

在体育锻炼中经常发生痉挛的肌肉是小腿腓肠肌，其次是足底耳朵屈拇肌和屈趾肌。这些局部的抽筋，多发于游泳、足球和赛跑运动项目中。

7. 在体育锻炼中经常发生痉挛的肌肉是________，其次是足底耳朵屈拇肌和屈趾肌。这些局部的抽筋，多发于游泳、足球和赛跑运动项目中。

答案：小腿腓肠肌

预防肌肉痉挛，最积极有效的办法就是加强锻炼，提高身体对寒冷的适应能力。其次在进行活动前，必须充分做好准备活动，对容易发生痉挛的肌肉，可事先进行按摩，尤其在冬季或游泳前。

8. 预防肌肉痉挛，最积极有效的办法就是加强锻炼，________。其次在进行活动前，必须充分做好准备活动，对容易发生痉挛的肌肉，可事先进行按摩，尤其在冬季或游泳前。

答案：提高身体对寒冷的适应能力

对在运动中出现的肌肉痉挛，常用的处理方法是，牵引痉挛的肌肉，使其伸长和松弛，即可使之缓解。例如，腓肠肌痉挛，可伸直膝关节，收足背屈。屈拇肌、屈趾肌痉挛，可用力使足和足趾背伸。另外，还可配合局部按摩，促使其加快缓解。

9. 对在运动中出现的肌肉痉挛，常用的处理方法是，________，即可使之缓解。例如，腓肠肌痉挛，可伸直膝关节，收足背屈。屈拇肌、屈趾肌痉挛，可用力使足和足趾背伸。另外，还可配合局部按摩，促使其加快缓解

答案：牵引痉挛的肌肉，使其伸长和松弛

一些学生在体育锻炼时，尤其是在参加一些长时间的运动如长跑、篮球、足球、游泳等过程中常出现腹痛的现象，这种腹痛称为“运动性腹痛”。

10. 一些学生在体育锻炼时，尤其是在参加一些长时间的运动如长跑、篮球、足球、游泳等过程中常出现腹痛的现象，这种腹痛称为“________”。

答案：运动性腹痛

肌肉轻度拉上或伴有部分肌纤维撕裂，首先应进行冷敷，局部加压包扎。冷敷方法可采用冷水浸泡或冷毛巾敷，如果有条件也可以用氯乙烷喷射受伤部位。

11. 肌肉轻度拉上或伴有部分肌纤维撕裂，首先应进行______，局部加压包扎。冷敷方法可采用冷水浸泡或冷毛巾敷，如果有条件也可以用______喷射受伤部位。

答案：冷敷，氯乙烷

第六章　奥林匹克

奥林匹克运动会起源于古希腊，因举办地点在奥林匹亚村而得名。

1. 奥林匹克运动会起源于＿＿＿＿＿＿，因举办地点在奥林匹亚村而得名。

答案：古希腊

1908年奥运会实施了较为标准化和规范化的管理，为未来奥运会的举办构建了基本框架。

2. ＿＿＿＿年奥运会实施了较为标准化和规范化的管理，为未来奥运会的举办构建了基本框架。

答案：1908

自1928年起，女子田径项目纳入正式比赛，这一重要变化对奥林匹克运动的普及性和号召力起到了推动性作用。

3. 自1928年起，＿＿＿＿＿＿项目纳入正式比赛，这一重要变化对奥林匹克运动的普及性和号召力起到了推动性作用。

答案：女子田径

奥林匹克运动是从现代奥林匹克主义诞生的一个规模宏大的社会运动，其目的在于通过组织没有任何歧视和符合奥林匹克精神的体育活动来教育青年，从而为建立一个更加和平和美好的世界做出贡献。

4. ＿＿＿＿＿＿＿是从现代奥林匹克主义诞生的一个规模宏大的社会运动，其目的在于通过组织没有任何歧视和符合奥林匹克精神的体育活动来教育青年，从而为建立一个更加和平和美好的世界做出贡献。

答案：奥林匹克运动

广义的奥林匹克文化应该包括古代奥林匹克传统、现代奥林匹克运动、奥林匹克主义、奥林匹克理想、奥林匹克精神以及所有的奥林匹克活动如奥林匹克运动会、大众体育、奥林匹克文化活动、奥林匹克教育和奥林匹克商业活动等。

5. ＿＿＿＿＿＿＿＿＿应该包括古代奥林匹克传统、现代奥林匹克运动、奥林匹克主义、奥林匹克理想、奥林匹克精神以及所有的奥林匹克活动如奥林匹克运动会、大众体育、奥林匹克文化活动、奥林匹克教育和奥林匹克商业活动等。

答案：广义的奥林匹克文化

狭义的奥林匹克文化是指与奥林匹克运动有关的文化艺术活动以及各种视觉形象，如奥林匹克标志、旗帜、奖章、招贴画、格言、徽记、会歌、奥运会火炬、奥运会吉祥物、奥运会期间举行的文艺表演、科学报告会和奥林匹克大众传播等。

6. ＿＿＿＿＿＿＿＿＿是指与奥林匹克运动有关的文化艺术活动以及各种视觉形象，如奥林匹克标志、旗帜、奖章、招贴画、格言、徽记、会歌、奥运会火炬、奥运会吉祥物、奥运会期间举行的文艺表演、科学报告会和奥林匹克大众传播等。

答案：狭义的奥林匹克文化

奥林匹克标志：蓝、黄、黑、绿、红互相套接的五环正是表示五大洲的团结和全世界的运动员在奥运会上相聚一堂。

7. ____________：蓝、黄、黑、绿、红互相套接的五环正是表示五大洲的团结和全世界的运动员在奥运会上相聚一堂。

答案：奥林匹克标志

奥林匹克圣火：象征着发祥于古希腊的文明之光，仍然照耀着人类前进的道路，激励着人类追求光明，追求理想，朝着崇高的目标不断进取。圣火的传递，也象征着奥林匹克精神的传递。

8. ________________：象征着发祥于古希腊的文明之光，仍然照耀着人类前进的道路，激励着人类追求光明，追求理想，朝着崇高的目标不断进取。圣火的传递，也象征着奥林匹克精神的传递。

答案：奥林匹克圣火

奥林匹克运动包括以奥林匹克主义为核心的思想体系，以国际奥委会、国际单项体育联合会和各国奥委会为骨干的组织体系和以奥运会为周期的活动体系。

9. ____________________包括以奥林匹克主义为核心的思想体系，以国际奥委会、国际单项体育联合会和各国奥委会为骨干的组织体系和以奥运会为周期的活动体系。

答案：奥林匹克运动

1922 年 6 月，国际奥委会第 21 次全会在法国巴黎召开，选举王正廷为中国首位国际奥委会委员，中国与国际奥委会建立起了直接联系。

10. 1922 年 6 月，国际奥委会第________次全会在法国巴黎召开，选举王正廷为中国首位国际奥委会委员，中国与国际奥委会建立起了直接联系。

答案：21

1927 年以后，中华全国体育协进会相继加入了田径、游泳、体操、网球、举重、拳击、足球、篮球等 8 个国际单项体育联合会和其它国际体育组织。

11. __________年以后，中华全国体育协进会相继加入了田径、游泳、体操、网球、举重、拳击、足球、篮球等 8 个国际单项体育联合会和其它国际体育组织。

答案：1927

1931 年 6 月，在西班牙巴塞罗那召开的国际奥委会第 30 次全会上，中华全国体育协进会被正式承认为国际奥委会团体会员，成为国际奥委会承认的中国奥林匹克组织，行使中国奥委会的职能。

12. 1931 年 6 月，在西班牙巴塞罗那召开的国际奥委会第________次全会上，中华全国体育协进会被正式承认为国际奥委会团体会员，成为国际奥委会承认的中国奥林匹克组织，行使中国奥委会的职能。

答案：30

第十届洛杉矶奥运会上，当时东北大学学生刘长春参加了比赛，他成为参加奥运会的第一位中国选手。

13. 第十届________奥运会上，当时东北大学学生刘长春参加了比赛，他成为参加奥运会的第一位中国选手。

答案：洛杉矶

1984 年 7 月 29 日，梦想终于成真。洛杉矶奥运会射击场上许海峰的枪声打破了中国在奥运会上金牌“零”的记录，洗雪“东亚病夫”的屈辱，是全世界华人半个多世纪的梦想得以实现。

14. 1984 年 7 月 29 日，梦想终于成真。洛杉矶奥运会射击场上__________的枪声打破了中国在奥运会上金牌“零”的记录，洗雪“东亚病夫”的屈辱，是全世界华人半个多世纪的梦想得以实现。

答案：许海峰

中国体育代表团首次出征洛杉矶奥运会，不仅实现了“零的突破”，而且一举获得 15 枚金牌、8 枚银牌和 9 枚铜牌，在金牌榜上位居第 4 位的好成绩，成为中国当代体育全面走向世界的一个里程碑，开创了中国奥林匹克运动的新时代。

15. 中国体育代表团首次出征____________奥运会，不仅实现了“零的突破”，而且一举获得 15 枚金牌、8 枚银牌和 9 枚铜牌，在金牌榜上位居第 4 位的好成绩，成为中国当代体育全面走向世界的一个里程碑，开创了中国奥林匹克运动的新时代。

答案：洛杉矶

第七章　休闲体育

休闲体育是指人们在工作、学习之余进行的积极主动的、轻松愉快的、毫无心理负担的一些健身娱乐活动。人们通过挖掘体育蕴藏的各种身体活动形式，在欢悦和谐的氛围中，达到日积月累地实现增强体质、促进健康、恢复体力、抵御疾病、调节心理、陶冶情操、激发生活欲望、培养高尚道德品质、改善人际关系、满足精神追求以及享受高质量人生乐趣等目的。它正在成为人们生活中不可缺少的重要内容。

1. 休闲体育是指____。

答案：人们在工作、学习之余进行的积极主动的、轻松愉快的、毫无心理负担的一些健身娱乐活动。

休闲体育的功能：

(1) 娱乐功能。

(2) 健身功能。

(3) 交友功能。

(4) 经济功能。

2. 休闲体育的功能有：__________；__________；__________；__________。

答案：娱乐功能；健身功能；交友功能；经济功能

休闲体育的特点：

(1) 自由度大，随意性强。

(2) 有氧运动为主。

(3) 休闲体育的价值。

3. 休闲体育的特点有：__________；__________；__________。

答案：自由度大，随意性强；有氧运动为主；休闲体育的价值

休闲体育的安排：

(1) 考虑时间与内容选择。

(2) 考虑休闲体育的节奏。

(3) 选择休闲体育的内容。

(4) 养成良好的生活习惯。

4. 休闲体育的安排应注意哪些因素：__________；__________；__________；__________。

答案：考虑时间与内容选择；考虑休闲体育的节奏；选择休闲体育的内容；养成良好的生活习惯

第八章　体育鉴赏

身体美包括以下内容：

(1) 体型美。

(2) 骨骼美。

(3) 肌肉美。

(4) 皮肤美。

(5) 毛发美。

(6) 形体美。

1. 身体美包括：________，________，________，________，________，________。

答案：体型美；骨骼美；肌肉美；皮肤美；毛发美；形体美

体育最显要的功能之一就是塑造身体美，人们也往往把身体美作为检验体育效果的重要指标。身体美是指有层次的活动的整体，人体美主要指人体表面的轮廓；身体美是动态的人体美，人体美是静态的身体美；身体美是人体美的源流，人体美则是身体美的升华。

2. 体育最显要的功能之一就是__________，人们也往往把__________作为检验体育效果的重要指标。

答案：塑造身体美；身体美

身体美的量化标准：

(1) 头身比例。

(2) 黄金分割。

(3) 体围。

3. 身体美的量化标准：__________，__________，__________。

答案：头身比例；黄金分割；体围

运动中的要素美有以下几个方面：

(1) 力量美。

(2) 速度美。

(3) 柔韧美。

(4) 协调美。

(5) 灵敏美。

(6) 平衡美。

(7) 造型美。

4. 运动中的要素美表现在以下几个方面：________，________，________，________，________，________，________。

答案：力量美；速度美；柔韧美；协调美；灵敏美；平衡美；造型美

从内容方面进行体育鉴赏：

(1) 优雅的人体造型。

(2) 精湛的技艺。

(3) 富有韵律的节奏。

(4) 崇高美。

5. 从内容方面进行体育鉴赏：__________，__________，__________，__________。

答案：优雅的人体造型；精湛的技艺；富有韵律的节奏；崇高美

鉴赏时把体育运动分为：

（1）争先性项目。

（2）游戏性项目。

（3）表现性项目。

（4）探险性项目。

（5）智巧性项目。

6. 鉴赏时把体育运动分为：________，________，________，________，________。

答案：争先性项目；游戏性项目；表现性项目；探险性项目；智巧性项目

第九章　田径运动

田径运动作为竞技项目可以追溯到古希腊时代，赛跑、铁饼、标枪就曾是古希腊奥林匹亚祭典的主要内容。

1. 田径运动作为竞技项目可以追溯到＿＿＿＿＿＿时代，赛跑、铁饼、标枪就曾是古希腊奥林匹亚祭典的主要内容。

答案：古希腊

经常地、科学地参加田径运动，能促进人体的新陈代谢，改善神经系统的调节功能和内脏器官的机能，提高人体健康水平与工作能力。

2. 经常地、科学地参加＿＿＿＿＿＿＿，能促进人体的新陈代谢，改善神经系统的调节功能和内脏器官的机能，提高人体健康水平与工作能力。

答案：田径运动

田径项目具有和日常生活的紧密联系性、运动技能简单易行、实用性、基础性等特点，由于以上特性，才使田径这一古老简单的形式，延续至今。

3. ＿＿＿＿＿＿＿具有和日常生活的紧密联系性、运动技能简单易行、实用性、基础性等特点，由于以上特性，才使田径这一古老简单的形式，延续至今。

答案：田径项目

对于竞赛项目，从供能方式上看，短距离是以无氧供能为主的，中距离是以糖酵解供能为主的，长距离超长距离则是以有氧供能为主的，此类项目的练习可提高人跑的能力。

4. 对于＿＿＿＿＿＿，从供能方式上看，短距离是以无氧供能为主的，中距离是以糖酵解供能为主的，长距离超长距离则是以有氧供能为主的，此类项目的练习可提高人跑的能力。

答案：竞赛项目

第十章 球类运动

篮球运动是一项集体对抗性的运动项目，活动者以各种专门技术为手段，以主动控制空间为目标，把主动控制球做为争夺焦点，把主动掌握时间与速度做为根本的保证。

1. 篮球运动是一项__________的运动项目，活动者以各种专门技术为手段，以主动控制空间为目标，把主动控制球做为争夺焦点，把主动掌握时间与速度做为根本的保证。

答案：集体对抗性

篮球不仅是青少年所喜爱的运动项目，而且也适合男、女、老幼各年龄段进行锻炼和活动，具有强烈的竞争性和观赏性，并有浓厚的趣味性和娱乐性，目前是世界上参加人数较多的运动项目之一。

2. __________不仅是青少年所喜爱的运动项目，而且也适合男、女、老幼各年龄段进行锻炼和活动，具有强烈的竞争性和观赏性，并有浓厚的趣味性和娱乐性，目前是世界上参加人数较多的运动项目之一。

答案：篮球

篮球比赛场地是一块长方形，平坦且无障碍物的坚实平面。尺寸为长 28 米，宽 15 米。球为圆形，充气后，周长为 74.9～78 厘米，重量为 567～650 克。

3. __________比赛场地是一块长方形，平坦且无障碍物的坚实平面。尺寸为长 28 米，宽 15 米。

答案：篮球

篮球比赛由 4 节组成，每节 10 分钟，如果第 4 节比赛结束时两队比分相等，则需要一个或多个 5 分钟的决胜期来继续比赛，直至分出胜负为止。

4. __________比赛由 4 节组成，每节 10 分钟，如果第 4 节比赛结束时两队比分相等，则需要一个或多个 5 分钟的决胜期来继续比赛，直至分出胜负为止。

答案：篮球

排球运动是由参加运动的人，以身体的任何部位相互在空中击球，使球不落地，既可隔网进行比赛，也可不设球网进行击球游戏的一种体育项目。

5. __________运动是由参加运动的人，以身体的任何部位相互在空中击球，使球不落地，既可隔网进行比赛，也可不设球网进行击球游戏的一种体育项目。

答案：排球

排球比赛场地长 18 米，宽 9 米，中间用球网隔开。两队各 6 名队员各占一边进行比赛。男子网高 2.43 米，女了网高 2.24 米。

6. __________比赛场地长 18 米，宽 9 米，中间用球网隔开。两队各 6 名队员各占一边进行比赛。男子网高 2.43 米，女子网高 2.24 米。

答案：排球

软式排球的球有充气式和免充气式两种。软式排球的突出特点是球柔软质量轻，飞行速度慢，使接球的难度减小，来回球次数较多，从而增加了趣味性。

7. __________的突出特点是球柔软质量轻，飞行速度慢，使接球的难度减小，来回球次数较多，从而增加了趣味性。

答案：软式排球

沙滩排球参赛队员为两名，而不是室内排球的每队 6 名队员，它是在沙滩上进行比赛，比赛采用三局两胜制，每局比分 15 分，只有领先两分才算获胜，每局 17 分封顶。

8. 沙滩排球参赛队员为__________名，而不是室内排球的每队 6 名队员，它是在沙滩上进行比赛，比赛采用三局两胜制，每局比分 15 分，只有领先两分才算获胜，每局 17 分封顶。

答案：两/2

乒乓球集健身性、娱乐性、竞技性、调节性等为一体，深受广大群众喜爱，在我国被誉为“国球”。

9. 乒乓球集健身性、娱乐性、竞技性、调节性等为一体，深受广大群众喜爱，在我国被誉为__________。

答案：国球

乒乓球场地：应不小于 14 米长、7 米宽、5 米高，应有 75 厘米高的深色挡板围起。光源距地面不得少于 5 米。从台面高度测得的照明度不得低于 1000 勒克斯，四周应为暗色。

10. __________场地：应不小于 14 米长、7 米宽、5 米高，应有 75 厘米高的深色挡板围起。光源距地面不得少于 5 米。从台面高度测得的照明度不得低于 1000 勒克斯，四周应为暗色。

答案：乒乓球

羽毛球发球方法从握拍方法和发球姿势上，分为正手发球和反手发球；从球的飞行角度和距离上，分为高远球、平高球、平快球和网前球。

11. __________发球方法从握拍方法和发球姿势上，分为正手发球和反手发球；从球的飞行角度和距离上，分为高远球、平高球、平快球和网前球。

答案：羽毛球

下列情况为羽毛球死球：球撞网并挂在网上，或停在网顶；球撞网或网柱后开始在击球者这一方落向地面；球触及地面。

12. 羽毛球撞网并挂在网上，或停在网顶；球撞网或网柱后开始在击球者这一方落向地面；球触及地面称为__________。

答案：死球

网球与高尔夫球、保龄球、桌球并称为世界四大绅士运动。

13. __________与高尔夫球、保龄球、桌球并称为世界四大绅士运动。

答案：网球

1923 年，国际网球联合会将澳大利亚网球公开赛、法国网球公开赛、温布尔登网球公开赛和美国网球公开赛定为四大世界性公开赛，俗称四大满贯赛。

14. 1923 年，国际网球联合会将澳大利亚网球公开赛、法国网球公开赛、温布尔登网球公开赛和美国网球公开赛定为四大世界性公开赛，俗称__________。

答案：四大满贯

网球常用的发球有三种：平击发球、切削发球和上旋发球，三者的动作结构基本是一致的。

15. __________常用的发球有三种：平击发球、切削发球和上旋发球，三者的动作结构基本是一致的。

答案：网球

一片标准的网球场地，占地面积应不小于 670m^2，其中长 23.77 米、单打宽 8.23 米，双打宽 10.97 米。这片长方形的角逐场再用球网横隔成两个等区。

16. 一片标准的__________场地，占地面积应不小于 670m^2，其中长 23.77 米、单打宽 8.23 米，双打宽 10.97 米。这片长方形的角逐场再用球网横隔成两个等区。

答案：网球

第十一章 武 术

武术是以踢、打、摔、拿、击、刺等技击动作为素材，遵照攻守进退、动静疾徐、刚柔虚实等规律组成套路，或在一定条件下遵照一定的规则，两人斗智较力，形成搏斗，以此来增强体质、培养意志、训练格斗技能的体育运动。

1. 武术以____、____、____、____、____、____等技击动作为素材，以此来____________、____________、____________的体育运动。

答案：踢、打、摔、拿、击、刺；增强体质、培养意志、训练格斗技能

武术的内容丰富多彩，按其运动形式可分为两大类：套路运动，搏斗运动。

2. 武术的内容丰富多彩，按其运动形式可分为：____________，____________。

答案：套路运动，搏斗运动

套路运动是以攻守进退、动静疾徐、刚柔虚实等矛盾运动的变化规律编成的整套练习形式，主要内容包括拳术、器械、对练、集体表演。

3. 套路运动主要内容包括________、________、________、________。

答案：拳术、器械、对练、集体表演

武术的特点：

(1) 寓技击于技术之中。

(2) 内外合一、形神兼备的民族风格。

(3) 广泛的适应性。

4. 武术的特点：____________，____________，____________。

答案：寓技击于技术之中；内外合一、形神兼备的民族风格；广泛的适应性

武术的作用：

(1) 改善和增强体质。

(2) 提高防身自卫的能力。

(3) 磨炼意志，培养道德情操。

(4) 娱乐观赏，丰富文化生活。

5. 武术的作用：____________，____________，____________，____________。

答案：改善和增强体质；提高防身自卫的能力；磨炼意志，培养道德情操；娱乐观赏，丰富文化生活

肩臂练习主要是增进肩关节韧带的柔韧性，加大肩关节的活动范围，发展臂部力量，提高上肢运动的敏捷、松长、转环等能力，为学习和掌握各种拳、掌等手法提供必要的专项素质。主要练习方法有压肩、绕环、抡臂等。

(1) 压肩。

(2) 单臂绕环。

(3) 双臂绕环：①前后绕环；②左右绕环；③交叉绕环；④仆步抡拍。

6. 肩臂练习的主要练习方法有__________，__________，__________。

答案：压肩，绕环，抡臂

腿部练习主要发展腿部的柔韧性、灵活性和力量等素质。练习方法有压腿、搬腿、劈腿

和踢腿等。

7. 腿部练习的主要练习方法有__________，__________，__________，__________。

答案：压腿，搬腿，劈腿，踢腿

手形手法练习是运用拳、掌、勾三种手形，结合上肢冲、架、推、亮等运动方法，操练上肢手法的基本动作。

（1）手形：①拳；②掌；③勾。

（2）手法：①冲拳；②架拳；③推掌；④亮掌。

8. 手形练习包括：_____，_____，_____；手法练习包括：_____，_____，_____，_____。

答案：拳，勾，掌；冲拳，架拳，推掌，亮掌

步型和步法练习主要是增进腿部的速度和力量，以提高两腿移动转换的灵活性和稳固性。

（1）步型。

① 弓步：弓右腿为右弓步，弓左腿为左弓步。

② 马步：马步不分左右。

③ 虚步：左脚在前为左虚步，右脚在前为右虚步。

④ 仆步：仆左腿为左仆步，仆右腿为右仆步。

⑤ 歇步：左脚在前为左歇步，右脚在前为右歇步。

⑥ 坐盘：左腿在前为左坐盘，右腿在前为右坐盘。

⑦ 丁步：左脚尖点地为左丁步，右脚尖点地为右丁步。

（2）步法：①击步；②垫步。

9. 步型练习有：______，______，______，______，______，______，______；步法练习有______，______。

答案：弓步，马步，虚步，仆步，歇步，坐盘，丁步；垫步，击步

五种步型的组合练习（简称“五步拳”）动作：拗弓步冲拳、弹踢冲拳、马步架打、歇步盖打、提膝仆步穿掌、虚步挑掌。

10. 五种步型的组合练习（简称“五步拳”）动作：_________，_________，_________，_________，_________，_________。

答案：拗弓步冲拳、弹踢冲拳、马步架打、歇步盖打、提膝仆步穿掌、虚步挑掌

压腿的主要作用是拉长腿部的肌肉和韧带，加大髋关节的活动范围。压腿的方法有正压、侧压和后压三种。

（1）正压腿。

（2）侧压腿。

（3）后压腿。

（4）仆步压腿。

11. 压腿的方法有_________，_________，_________，_________。

答案：正压腿，侧压腿，后压腿，仆步压腿

搬腿主要是增进腿部的柔韧性，加大髋关节的活动幅度，提高腿部上举力量。搬腿的方法有正搬、侧搬、后搬三种。

12. 搬腿的方法有__________，__________，__________。

答案：正搬腿，侧搬腿，后搬腿

第十二章　游　　泳

游泳运动包括游泳、跳水、水球和花样游泳4个项目，由于它们的技术和特点不同，已形成为独立的4个竞赛项目。符合竞赛规则的要求，以速度来决定名次的游泳称为竞技游泳。竞技游泳包括四种姿势：蛙泳、自由泳、仰泳、蝶泳。具有实用价值的游泳称为实用游泳，如踩水、潜泳、侧泳等。以增强体质、丰富人们文化生活为目的的游泳称为大众游泳，如体疗游泳、娱乐游泳等。

1. 游泳运动包括________，________，________，________4个项目。

答案：游泳，跳水，水球，花样游泳

游泳运动包括游泳、跳水、水球和花样游泳4个项目，由于它们的技术和特点不同，已形成为独立的4个竞赛项目。符合竞赛规则的要求，以速度来决定名次的游泳称为竞技游泳。竞技游泳包括四种姿势：蛙泳、自由泳、仰泳、蝶泳。具有实用价值的游泳称为实用游泳，如踩水、潜泳、侧泳等。以增强体质、丰富人们文化生活为目的的游泳称为大众游泳，如体疗游泳、娱乐游泳等。

2. 竞技游泳：________________。竞技游泳包括四种姿势：________、________、________、________。

答案：符合竞赛规则的要求，以速度来决定名次的游泳；蛙泳、自由泳、仰泳、蝶泳

游泳运动包括游泳、跳水、水球和花样游泳4个项目，由于它们的技术和特点不同，已形成为独立的4个竞赛项目。符合竞赛规则的要求，以速度来决定名次的游泳称为竞技游泳。竞技游泳包括四种姿势：蛙泳、自由泳、仰泳、蝶泳。具有实用价值的游泳称为实用游泳，如踩水、潜泳、侧泳等。以增强体质、丰富人们文化生活为目的的游泳称为大众游泳，如体疗游泳、娱乐游泳等。

3. 实用游泳是：________________，如________，________，________。

答案：具有实用价值的游泳；踩水，潜泳，侧泳

游泳运动包括游泳、跳水、水球和花样游泳4个项目，由于它们的技术和特点不同，已形成为独立的4个竞赛项目。符合竞赛规则的要求，以速度来决定名次的游泳称为竞技游泳。竞技游泳包括四种姿势：蛙泳、自由泳、仰泳、蝶泳。具有实用价值的游泳称为实用游泳，如踩水、潜泳、侧泳等。以增强体质、丰富人们文化生活为目的的游泳称为大众游泳，如体疗游泳、娱乐游泳等。

4. 大众游泳是：________________。包括________、________。

答案：以增强体质、丰富人们文化生活为目的的游泳；体疗游泳、娱乐游泳

熟悉水性练习时，应选择在齐腰深的水中进行，重点练习呼吸和漂浮这两个动作。熟悉水性练习可按下面的步骤和方法进行。

(1) 水中行走练习。

(2) 水中闭气与呼吸练习。

(3) 水中漂浮与站立练习。

(4) 滑行练习。

5. 熟悉水性练习的步骤有：________，________，________，________。

答案：水中行走练习；水中闭气与呼吸练习；水中漂浮与站立练习；滑行练习

腿部动作是蛙泳推进力的主要来源之一。腿的动作可分为四部分，即收腿、翻脚、蹬夹水和滑行，应连贯地进行。

6. 蛙泳的腿的动作可分为四部分，即________、________、________、________，应连贯地进行。

答案：收腿、翻脚、蹬夹水、滑行

随着蛙泳技术的改进和发展，现代蛙泳技术更加强调划水的重要作用。蛙泳手臂动作，由抓水、划水、收手和向前伸臂四个连贯动作所组成。蛙泳的划水路线从水下看像一个“倒心形”。

7. 蛙泳手臂动作，由________，________，________，________，四个连贯动作所组成。

答案：抓水、划水、收手、向前伸臂

遇到有人溺水时应尽快报警并大声呼救，争取多人集体救助。救助者应在保证自身安全的前提下尽快采取救助措施实施救助。

(1) 救助者可利用竹竿、救生圈、救生板、绳索等进行救助。

(2) 在没有救助器材或救助器材无法有效救助溺水者时，应采用下水对溺水者抢救的方法。下水救助时时应根据溺水者距岸边的距离、水情、溺水者神态，及时采取接近、拖运措施。胸外心脏按压，两手叠放，十指相扣下压。下压要用力均匀。按压速度每分钟 60～80 次。为了争取时间，岸上急救应抓住主要环节进行处理，可以同时用几个方法进行抢救。

8. 如何进行胸外心脏按压?

答案：两手叠放，十指相扣下压。下压要用力均匀。按压速度每分钟 60～80 次

将溺水者救上岸后，要尽快进行急救处理。轻度溺水者，先清除口中杂草和呕吐等脏物，使呼吸畅通，接着对溺水者进行排水。对已经昏迷、呼吸很弱或刚停止呼吸的溺水者，应立即进行人工呼吸。做人工呼吸时，首先要清除溺水者口中的污物，保持气道通畅。然后用拇指和食指按住其鼻子，吸足气，口对口慢慢持续吹气，同时放开捏着的鼻，每分钟约做 30 次左右。

9. 对已经昏迷、呼吸很弱或刚停止呼吸的溺水者，应立即____________。

答案：进行人工呼吸

练习游泳有时会发生肌肉痉挛、呛水，因此我们应该了解和掌握一些处置知识，进行自我保护，防止发生意外。

(1) 手指痉挛。将手指握成拳头，然后再用力张开，这样迅速交替做几次，直到解脱。

(2) 手掌痉挛。用手掌将痉挛的手掌用力向下压，直到抽筋现象消除为止。

(3) 上臂痉挛。握拳并尽量屈肘，然后用力伸直，反复进行。

(4) 小腿或脚趾痉挛。先深吸一口气，仰浮在水中，用抽筋肢体对侧的手握住抽筋痉挛的腿的脚趾，并用力向身体方向拉，同时用另一手掌压在抽筋膝盖上，帮助小腿伸直，使痉挛现象消除。

10. 手指痉挛的处置方法是：______________________________。

答案：将手指握成拳头，然后再用力张开，这样迅速交替做几次，直到解脱

第十三章　健美操与健美

体操是通过徒手、持轻器械或在器械上完成不同类型与难度的单个动作、组合动作或成套动作，充分挖掘人的潜能，表现人的控制能力，并具有一定的艺术要求的体育项目。

目前体操主要包括以下内容：队列队形练习、徒手体操、轻器械体操、技巧运动、器械体操、跳跃、实用类体操、自由体操。

根据体操的目的与任务，可以将体操分为基本体操、竞技性体操和表演性体操 3 大类。

基本体操：以增强体质、促进身体全面发展、培养人体基本活动能力及提高基本运动技能为目的的体操练习都属于基本体操的范畴。基本体操包括队列队形、徒手体操、轻器械体操、器械体操的简易练习、专门器械体操和生活技能体操等。

竞技性体操：指所有以争取竞赛胜利为目的的体操项目，包括竞技体操、健美操、蹦床、艺术体操和技巧等。

表演性体操：包括团体体操和舞台体操。

1. 体操以不同类型与难度可分为：________________。

答案：单个动作、组合动作或成套动作

2. 根据体操的目的与任务，可以将体操分为________________3 大类。

答案：基本体操、竞技性体操和表演性体操

3. 表演性体操包括________________。

答案：团体体操和舞台体操

4. 竞技性体操包括________________等。

答案：竞技体操、健美操、蹦床、艺术体操和技巧

艺术体操是在音乐伴奏下进行的徒手或手持轻器械，以自然性动作为基础体现较强的韵律性和节奏感的体育运动项目。所以，艺术体操是女子体育教育的重要组成部分，也是进行美育教育的一种有效手段。

5. 艺术体操是在音乐伴奏下进行的徒手或手持轻器械，以________为基础体现较强的________和________的体育运动项目。

答案：自然性动作，韵律性、节奏感

艺术体操与其他体操项目相比，动作内容更符合女子的生理和心理特点，是以具有优美性和艺术性为其主要特征的。艺术体操具有以下三个特点：

(1) 艺术体操是以节奏为中心，以自然性动作为基础的有节奏运动。

(2) 艺术体操必须合理地运用轻器械。

(3) 艺术体操必须有音乐伴奏。

音乐伴奏是艺术体操的灵魂、动作优美是艺术体操的表现风格、节奏和韵律是艺术体操的基本运动形式、器械运动是艺术体操的主要练习形式。

根据不同的目的、任务，可把艺术体操分为一般性艺术体操和竞技性艺术体操两大类。

6. 艺术体操是以________为中心，以________为基础的有节奏的运动。

答案：节奏，自然性动作

7. 根据不同的目的、任务，可把艺术体操分为________________两大类。

答案：一般性艺术体操和竞技性艺术体操

8. 艺术体操与其他体操项目相比，是以具有________________为其主要特征的。

答案：优美性和艺术性

健美操是体育与艺术相结合产物，其特点是：

(1) 具有较强的艺术性和健美性。

(2) 内容丰富，动作的整体性强。

(3) 持续运动，对心血管机能有突出作用。

(4) 具有较强的针对性和广泛的适应性。

(5) 健美操是人体有节奏的运动。

(6) 健美操具有塑身减肥的作用。

(7) 缓解精神压力，娱乐身心。

9. 健美操是________________相结合产物。

答案：体育与艺术

从目前健美操运动的发展来看，健美操已经形成了两大分支三个体系，两大分支是指大众健美操和竞技健美操，三大体系是指健美操的教学体系、训练体系和指导体系。

10. 健美操三大体系是指健美操的________________。

答案：教学体系、训练体系和指导体系

根据当今健美操的发展状况和未来的发展趋势，按照不同的目的和任务，健美操可分为健身性健美操，表演性健美操和竞技性健美操三大类。

健身性健美操是按照有氧练习的要求而进行，其练习的主要目的是“锻炼身体，保持健康”，其中包括徒手健美操、轻器械健美操、特殊场地健美操等。健身健美操动作简单，实效性强，动作以对称形式重复出现，节奏较慢，严格遵循“健康、安全”原则，在保证安全的基础上，保证运动量的适宜刺激达到锻炼身体的目的。

健美操的基本技术包括弹动技术、落地缓冲技术和身体控制技术。所有这些技术是为了保证练习的安全性。

健美操的基本步伐是组成健美操的基础，所有的基本动作可按冲击力分为三种：无冲击力动作、低冲击力动作和高冲击力动作，许多低冲击力动作同时也可做成高冲击力动作。而根据动作完成形式的不同，我们又将基本步伐分类五类：交替类；迈步类；点地类；抬腿类；双腿类。

11. 按照不同的目的和任务，健美操可分为________，________，________。

答案：健身性健美操，表演性健美操和竞技性健美操三大类

踏板操的特点：

(1) 有效提高心率，增进健康。

(2) 安全性好，减少运动损伤。

(3) 动作变化多，娱乐性强。

(4) 提高运动能力，有效塑身。

踏板操主要有三大基本技术：重心移动、缓冲及身体的控制。

缓冲技术是踏板操，甚至是有氧健身练习的基础技术。合理的缓冲技术能够保证身体的安全。缓冲可以通过两种途径来实现：①增加缓冲的距离；②积极主动的退让。

踏板动作包括板上动作、板下动作、上下板连接动作。独立的上板下板动作都是健美操基本动作及其变形。

12. 踏板动作包括________________。独立的上板下板动作都是健美操基本动作及其变形。

答案：板上动作、板下动作、上下板连接动作

13. 踏板操主要有三大基本技术：__________，__________，__________。

答案：重心移动、缓冲，身体的控制

健美运动的特点：

(1) 将体育和美育融为一体。

(2) 能最有效地发达肌肉。

(3) 设备简单，易于开展。

(4) 练习方式方法灵活、机动、多样，男女老少皆宜。

14. 健美运动的特点：__________；__________；__________；__________。

答案：将体育和美育融为一体；能最有效地发达肌肉；设备简单，易于开展；练习方式方法灵活、机动、多样，男女老少皆宜

健美运动的健身价值：

(1) 发达肌肉，增长力量。

(2) 增进健康，增强体质。

(3) 改善体形体态。

(4) 提高神经系统机能。

(5) 调节心理活动，陶冶美好情操。

15. 健美运动的健身价值：__________；__________；__________；__________；__________。

答案：发达肌肉，增长力量；增进健康，增强体质；改善体形体态；提高神经系统机能；调节心理活动，陶冶美好情操

第十四章 极限运动

极限运动具有娱乐性、刺激性、挑战性，以崇尚自然和大众化等特点，迅猛发展成为21世纪的“新人类运动”。

1. 极限运动的特点：________。

答案：娱乐性、刺激性、挑战性

野生生存装备的选择：背包、睡袋和帐篷、鞋子、药品、照明用品等。

野外生存意外事故：毒蛇、昆虫咬伤、外伤出血、骨折或脱臼、食物中毒。

2. 野生生存装备的选择：________。

答案：背包、睡袋和帐篷、鞋子、药品、照明用品等

漂流过程要用的服装：防水上衣、水上运动头盔、漂流手套、收口包、漂流靴。

漂流注意事项：漂流时不要做危险动作、漂流船通过险滩时要听从船工的指挥、漂流过程中注意沿途的箭头及标识。

3. 漂流过程要用的服装：________。

答案：防水上衣、水上运动头盔、漂流手套、收口包、漂流靴

三点固定法：即在双手、双脚握（或蹬）牢3个支点的条件下才能移动第4点。

攀岩运动的特点：

(1) 在不同高度和角度的岩壁上完成腾挪、转体、窜跳、引体等惊险的技术动作。

(2) 集竞技、娱乐、休闲为一体的勇敢者运动。

(3) 对培养人的顽强意志、体力和思维能力有着积极的作用。

结绳技术是运用打结使绳索之间、绳索与其他装备之间互相连接的方法。它包括：固定绳结、接绳绳结、保护绳结和操作绳结四种。

4. 三点固定法：________。

答案：即在双手、双脚握（或蹬）牢3个支点的条件下才能移动第4点

登山前的准备：登山路线的确定、登山前的计划与准备。

登山前的计划与准备，包括身体准备、心理准备、拟定时间和团队计划等。

5. 登山前的计划与准备包括：________。

答案：身体准备、心理准备、拟定时间和团队计划等

传统三项划水运动：花样滑水、回旋滑水、跳跃滑水。

6. 传统三项划水运动：________。

答案：花样滑水、回旋滑水、跳跃滑水

参考文献

[1] 丁英俊．大学体育．开封：河南大学出版社．2012.
[2] 崔东霞，王晏，崔伟．田径与校园极限运动．北京：化学工业出版社．2012.
[3] 李静，宠宏陆．网球、羽毛球．北京：化学工业出版社．2012.
[4] 赵子建．排球．北京：化学工业出版社．2012.
[5] 李伟，黄海涛．游泳．北京：化学工业出版社．2012.
[6] 吴健．乒乓球．北京：化学工业出版社．2012.
[7] 徐虎泼．运动养生与健康．北京：化学工业出版社．2012.
[8] 党希平．足球．北京：化学工业出版社．2012.
[9] 张振东．篮球．北京：化学工业出版社．2012.